W0252499

© 2021 Carlsen Verlag GmbH, Völckersstraße 14–20, 22765 Hamburg
Originalausgabe: Apri gli occhi al cielo. Guida all'universo
© 2019 Mondadori Libri S.p.A., Milano

Text: Edwige Pezzulli, Maria C. Orofino, Raffaella Schneider, Rosa Vallante, Simona Gallerani, Tullia Sbarrato
Illustrationen: Alice Beniero
Gedichte: Silvia Vecchini
Übersetzung: Ulrike Schimming
Lektorat: Cordula Thörner
Satz und Layout: Anje Volber
Herstellung: Stefanie Frassek

FSC www.fsc.org MIX Papier aus verantwortungsvollen Quellen FSC® C002795

Unser Versprechen für mehr Nachhaltigkeit
• Klimaneutrales Produkt
• Papiere aus nachhaltiger Waldwirtschaft
• Hergestellt in Europa

EDWIGE PEZZULLI
ROSA VALIANTE
MARIA C. OROFINO
SIMONA GALLERANI
RAFFAELLA SCHNEIDER
TULLIA SBARRATO

DAS WELTALL

EIN SPAZIERGANG DURCH DIE GEHEIMNISSE DES UNIVERSUMS

MIT GEDICHTEN VON SILVIA VECCHINI
ILLUSTRATIONEN VON ALICE BENIERO

AUS DEM ITALIENISCHEN
VON ULRIKE SCHIMMING

CARLSEN

Man braucht nichts im Leben zu fürchten,
man muss nur alles verstehen.

MARIA SKŁODOWSKA,
bekannt als Marie Curie (1867–1934)

INHALT

Kapitel 1

DIE NACHT IST DA, WACH AUF!

Endlich geht es los.

Meine Schwester hat es mir schon so lange versprochen:

Wir machen eine Nachtwanderung, während alle anderen schlafen.

Sie studiert Astrophysik, die Wissenschaft des Universums, und endlich legt sie mal die Bücher weg und erklärt mir heute Nacht den Himmel und die Sterne.

Der Himmel ist zwar immer über uns, also bei Tag und Nacht, aber trotzdem ist er wie ein versteckter Schatz: Wir müssen uns auf den Weg machen, den richtigen Ort auswählen, den richtigen Moment abpassen und uns auf das Abenteuer einlassen. Dafür haben meine Schwester und ich auf eine wolkenlose Nacht gewartet und jetzt suchen wir uns einen Ort, an dem es kein künstliches Licht gibt.

Damit wir nicht stolpern, haben wir Taschenlampen dabei und leuchten uns den Weg. Ab und zu greife ich nach der Hand meiner Schwester. Sie leitet mich bei diesen Schritten auf der dunklen Erde, aber auch bei der Erkundung des Himmels. Zusammen werden wir die Sterne und Planeten entdecken, und sie erzählt mir währenddessen die Geschichte des Universums. Wir machen diese Reise nur mit den Augen, aber dabei durchqueren wir die Zeit. In nur einer Sekunde sind wir bereits weit weg und reisen sogar in die Vergangenheit. Das hätte ich mir nie vorstellen können!

»Im Himmel liegt das Geheimnis der Zeit und des Anfangs von allem«, sagt meine Schwester.

Tausende von Wundern, Überraschungen und Entdeckungen warten da oben auf uns. Und unzählige Geschichten: die Legenden der verschiedenen Völker und die Biografien der Menschen, die außergewöhnliche Beobachtungen gemacht haben.

Wenn wir den Himmel betrachten und ihn genau kennenlernen, finden wir uns im Universum besser zurecht. Es ist, als läsen wir eine Karte, eine riesige Sternkarte, die sich zu bewegen scheint und durch Lichter, Flugbahnen und Farben zu uns spricht.

»Was soll ich mitnehmen?«, habe ich meine Schwester gefragt, bevor wir aufgebrochen sind.

Sie hat mir einen Rucksack gegeben und aufgezählt, was sie einpackt, wenn sie den Himmel beobachtet.

»Als Erstes eine Decke, damit wir uns auf den Boden legen und die Sterne bequemer beobachten können. Dazu einen Kompass, eine Taschenlampe, ein Fernglas, und eine Sternkarte darf auch nicht fehlen. Auf meinem Smartphone habe ich eine App für verschiedene Sternkarten. Wir sollten auch warme Sachen und eine Thermoskanne mit Tee einpacken, falls es kalt wird. Ah, und natürlich ein Notizheft und Stifte!«

»Wozu das denn?«, wollte ich wissen.

Meine Schwester hat erklärt, dass ich bei der Beobachtung des Himmels nicht nur viel erfahre, sondern vermutlich auch viele Gedanken und Fragen haben werden. Die kann ich aufschreiben, damit ich sie nicht vergesse.

Als wir an unserem Platz ankommen, machen wir es uns bequem. Wir knipsen die Taschenlampen aus, plötzlich kommt mir die Nacht viel dunkler vor. Und nach einem kurzen Moment scheint es, als würde der Himmel für uns seine Lichter anschalten.

DAS BRAUCHST DU FÜR DIE STERNENBEOBACHTUNG:

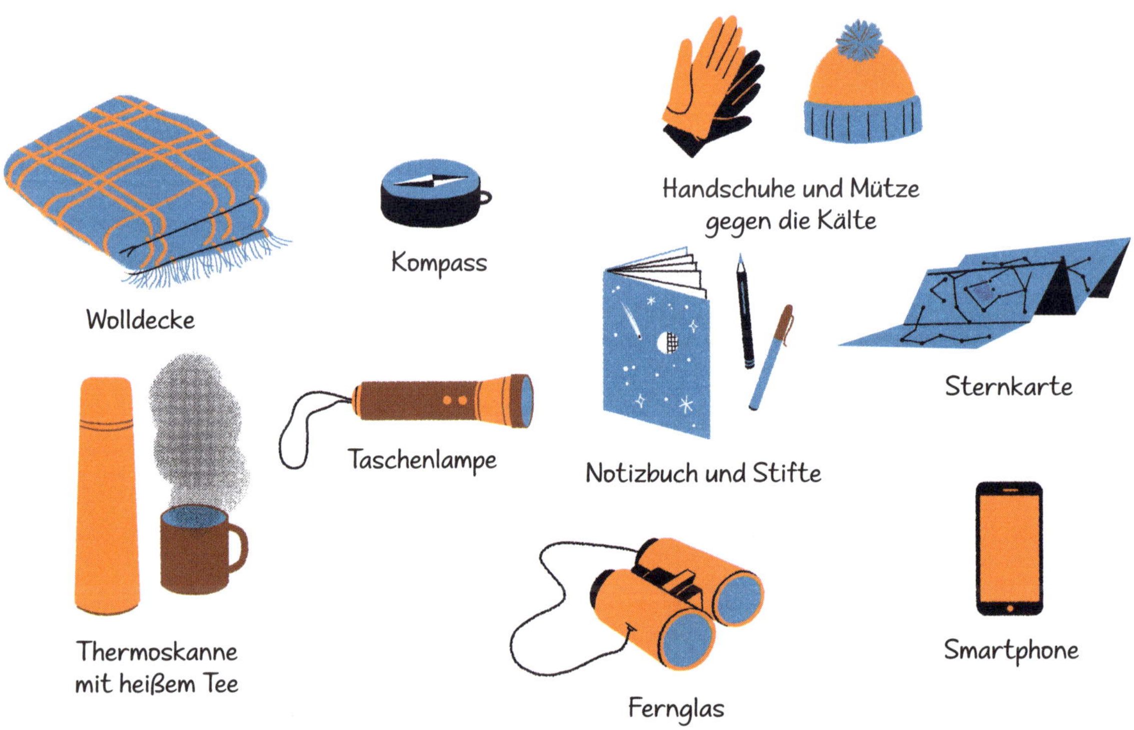

Blick zum Himmel,
er ist so geheimnisvoll!
Betrachte ich die Sterne,
werden meine Gedanken
so weit wie das
gesamte U n i v e r s u m

BILDER AM HIMMEL

Wir blicken nach oben. Der Mond ist nicht da.

Mit der Zeit gewöhnen sich unsere Augen an die Dunkelheit, und wir entdecken einen Stern nach dem anderen. Wir haben Glück. In den Städten werden die meisten Sterne von dem Kunstlicht überstrahlt, aber hier draußen ist die Nacht ein Gewimmel von unzähligen Lichtpünktchen.

Meine Schwester und ich spielen ein Spiel. Wer erkennt in der Anordnung der Sterne die meisten Bilder? »Sieh mal, das ist ein Pilz!« oder »Da sind die Anfangsbuchstaben meines Namens!« oder »Das sieht aus wie die Nase unserer Tante!«

Höchstwahrscheinlich haben es schon die Menschen im antiken Griechenland genauso gemacht und den Himmel in eine Art Karte unterteilt: Sie zogen gedachte Linien zwischen bestimmten Sternen und formten auf diese Weise Figuren – die Sternbilder.

Wir können sie noch immer entdecken: So, wie auf geografischen Karten der Erde Wege, Städte, Berge und Seen verzeichnet sind, zeigen uns Himmelskarten die Positionen von Sternen und anderen Himmelskörpern.

Die Stern-Gruppen, die wir erkennen, liegen da oben nicht unbedingt nah beieinander. Sie heißen »Konstellationen«. Offiziell hat die Internationale Astronomische Union 88 Konstellationen, also Sternbilder, festgelegt.

Der gesamte Himmel wird als Kugel dargestellt, genauso wie die Erdkugel. Und wie diese ist auch die Himmelskugel in zwei Hälften geteilt: Die Hemisphäre über dem Südpol ist der Südhimmel und die über dem Nordpol ist der Nordhimmel.

! DIE INTERNATIONALE ASTRONOMISCHE UNION
ist eine Gruppe von Wissenschaftlerinnen und Wissenschaftlern aus der ganzen Welt. Sie geben den Sternen, Planeten, Asteroiden und anderen Himmelskörpern ihre Namen.

! ZU VIEL LICHT!
Um die Sterne besser zu beobachten, solltest du eine klare, wolkenlose Nacht abwarten, in der der Mond nicht zu sehen ist. Verlasse die Stadt, denn ihre künstlichen Lichter verschmutzen den Himmel und überstrahlen die Sterne, sodass das menschliche Auge sie nicht sehen kann (das ist die so genannte LICHTVERSCHMUTZUNG*). Die Feuchtigkeit und der Feinstaub in der Luft, die von dem Kunstlicht angestrahlt werden, bilden zudem einen hellen Schleier, durch den die Sterne weniger strahlend erscheinen. Daher kannst du an abgelegenen Orten auf dem Land oder in den Bergen viel mehr Sterne sehen als in der Stadt. Aber selbst an einsamen Orten erschwert das Licht des Vollmonds die Sternenbeobachtung. Wähle deshalb am besten eine Neumondnacht.*

! DIE STERNBILDER
Es gibt 28 Sternbilder am Nordhimmel, 15 auf dem Himmelsäquator und 45 am Südhimmel.

➜ *Willst du sofort etwas über die* MONDPHASEN *wissen? Dann lies auf Seite 168 weiter.*

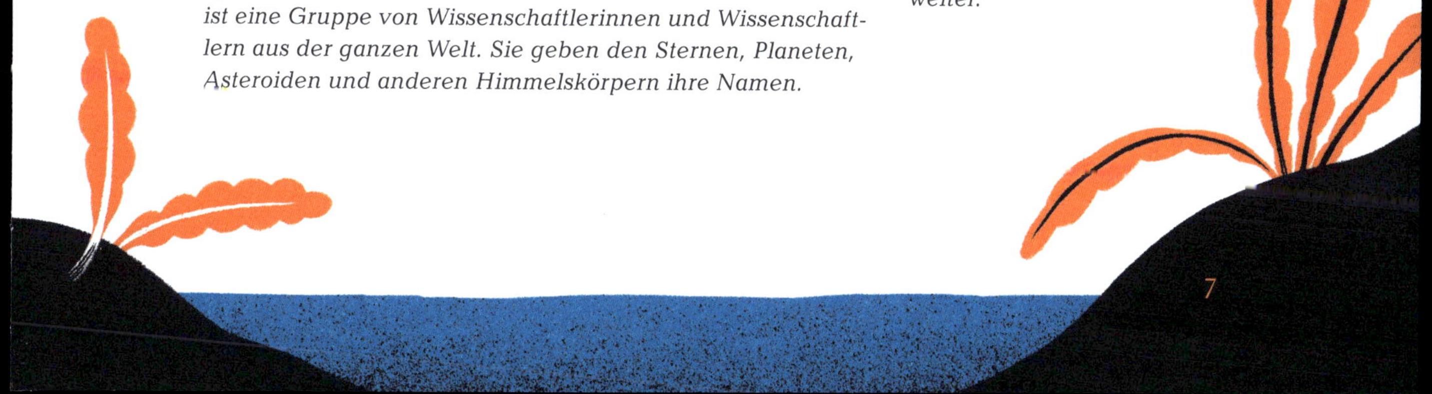

DIE STERNBILDER

Die prachtvollen Sterngruppen, die die Sternbilder formen, stehen nicht fest am Himmel: Je nach Ort der Beobachtung, dem Zeitpunkt und der Jahreszeit erscheinen sie an unterschiedlichen Stellen am Firmament.

Wenn du in Europa lebst und zum Himmel blickst, siehst du zum Teil andere Sternbilder als die Menschen in Australien. Falls du am Äquator wohnst, hast du Glück und kannst fast alle Sternbilder sehen.

Von hier unten sehen alle STERNE weiß aus, dabei hat jeder Stern seine eigene Farbe. Sie können dunkel- oder hellblau sein, weiß, gelb, orange oder rot, je nachdem, wie heiß sie sind. Mehr dazu erfährst du auf Seite 80.

Ekliptik
... ist eine gedachte Linie, die den scheinbaren Lauf der Sonne in einem Jahr zeigt.

NORDHIMMEL
Winter

Vom Sonnenuntergang bis -aufgang bewegen sich aus unserem Blickwinkel die Sternbilder von Ost nach West: Das liegt daran, dass sich die Erde an einem Tag einmal um sich selbst dreht und wir daher immer andere Abschnitte des Himmels sehen.

Neben der nächtlichen Veränderung des Sternenhimmels gibt es auch eine langsamere Veränderung, die mit dem Wandel der Jahreszeiten zusammenhängt.

! *Wenn du nach Norden blickst, siehst du ganz besondere Konstellationen: die* ZIRKUMPOLAREN STERNBILDER *in der Nähe des Nordpols. Im Vergleich zu allen anderen gehen sie nicht auf und nicht unter, sondern sind immer über dem Horizont zu sehen. Von Deutschland aus können wir zu jeder Nachtzeit des Jahres den Großen Bären, den Kleinen Bären, Kassiopeia, Kepheus, den Drachen und die Giraffe sehen.*

SÜDHIMMEL
Winter

DER HIMMEL ÜBER DEUTSCHLAND

Weil sich das Himmelszelt mit dem Wechsel der Jahreszeiten verändert, sind über Deutschland nicht alle Sternbilder das ganze Jahr über sichtbar. Den Schwan entdeckst du beispielsweise nur im Sommer: Er ähnelt einem großen Kreuz, das schon die alten Griechen an den langen Hals, die Flügel und den Schwanz eines Schwans erinnerte.

Das Sternbild Kassiopeia, das wie ein W aussieht, findest du hingegen das ganze Jahr über. Besonders deutlich ist es im Herbst zu erkennen: Es erinnerte die Griechen an die eitle Königin Kassiopeia, die auf dem Thron sitzt und sich durch die Haare streicht. Daher hat das Sternbild seinen Namen.

Das Sternbild Orion kannst du erst im Winter sehen: Seine Form erinnert an eine Sanduhr mit drei sehr strahlenden Sternen in der Mitte. Orion stellt einen

NORDHIMMEL
Sommer

mächtigen Krieger dar, der Stock und Schild hebt, um den Angriff eines Stiers abzuwehren, der etwas weiter entfernt zu erkennen ist.

Die Sternbilder Großer und Kleiner Bär (auch Großer und Kleiner Wagen genannt) sind vermutlich die bekanntesten Konstellationen. Jeweils vier Sterne formen ein Rechteck, an dem weitere Sterne einen »Schwanz« bilden. Das Schwanzende des Kleinen Bären ist der Polarstern und zeigt immer den geografischen Norden an.

Auch das KREUZ DES SÜDENS ist ein sehr bekanntes Sternbild, vor allem bei den Bewohnern der Südhalbkugel. Es besteht aus vier Sternen: Acrux, Becrux, Gracrux und Decrux. Das Kreuz des Südens leuchtet sehr hell und ist unverwechselbar. Es hilft bei der Orientierung – mit seiner Hilfe weiß man, welche Himmelsrichtung Süden ist.

SÜDHIMMEL

Sommer

Nicht alles ist so nah, wie es scheint!

Die Konstellationen am Himmel setzen sich aus Sternen der Milchstraße zusammen, also der Galaxie, in der wir leben. Die Punkte, die wir mit gedachten Linien zu Sternbildern verbinden, liegen aber nicht notwendigerweise nahe beieinander: Das, was wir sehen, ist nur ihre Projektion am Himmelszelt. Sterne, die ganz nah beieinander erscheinen, können in Wirklichkeit unglaublich weit voneinander entfernt sein.

Obwohl Sternbilder also nur ein schöner optischer Effekt sind, waren sie in der Menschheitsgeschichte dennoch sehr wichtig. Die ersten Seefahrer hatten nämlich noch keinen Kompass und sahen daher zum Himmel, um den richtigen Weg zu finden!

❗ *Die Sterne des* ORION *sehen für uns so aus, als lägen sie dicht nebeneinander, dabei sind sie von der Erde ganz unterschiedlich weit entfernt. Würdest du diese Sterne von einem anderen Ort in unserer Galaxie betrachten, ergäben sie ein völlig anderes Bild.*

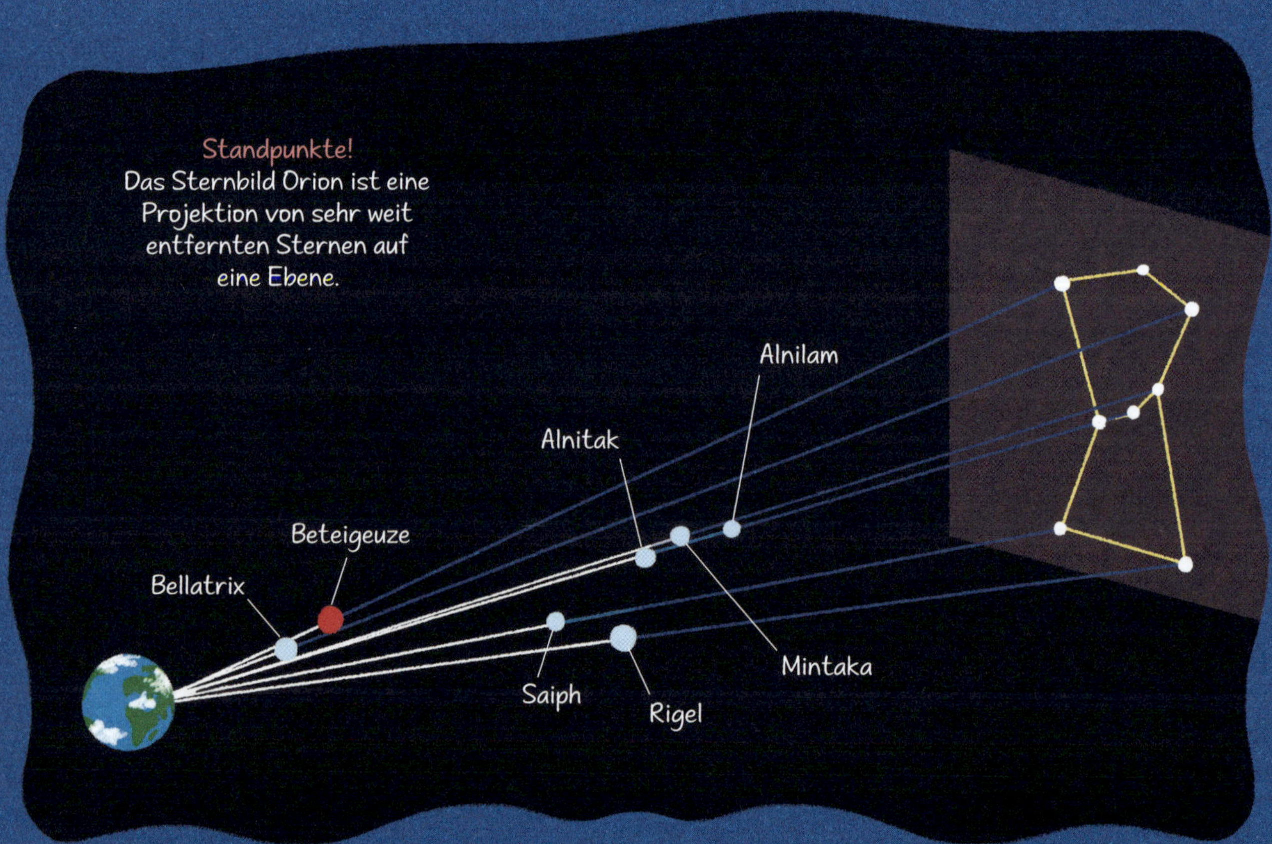

Sterne in Sicht!

Auf dem Meer fanden die Menschen früher auch ohne das Navigationssatellitensystem GPS den richtigen Weg. Tagsüber zeigte die Sonne ihnen die Richtung, nachts orientierten sie sich an Mond und Sternen. Die Sternbilder waren dabei eine wichtige Hilfe, und bereits in der Antike nutzten die Menschen sie, um nachts über das offene Meer zu segeln, wo sie die Lichter der Küste nicht mehr sahen.

Aber welche Sterne zeigen die gewünschte Richtung an? Das hängt von der Hemisphäre ab, in der die Menschen segeln.

Der Polarstern im Kleinen Bären leitet die Seefahrer auf der Nordhalbkugel zum geografischen Nordpol.

Das unverwechselbare Kreuz des Südens führt auf der Südhalbkugel die Schiffe zum geografischen Südpol.

Sterne und Sternenbilder sind auf den NATIONALFLAGGEN verschiedener Staaten zu finden. Dort haben sie nicht nur eine astronomische Bedeutung.

Die zwölf Sterne der EUROPÄISCHEN UNION sind ein Symbol der Einheit, Solidarität und Harmonie zwischen den Mitgliedsstaaten. Die 27 Sterne der BRASILIANISCHEN Flagge stehen nicht nur für die Bundestaaten des Landes, sondern stellen auch eine Himmelskarte der Südhalbkugel dar. Die weißen und roten Sterne der Flaggen von AUSTRALIEN und NEUSEELAND zeigen das Kreuz des Südens. Das Sternbild Großer Wagen (Teil des Sternbildes Großer Bär) mit dem Polarstern auf der Flagge ALASKAS symbolisiert die Kraft des Bären und den Glauben der Menschheit an die Zukunft. Auf der Flagge der TÜRKEI, so wie auch auf denen von anderen arabischen Ländern, stehen die abnehmende Mondsichel und der Stern für die islamische Religion.

DIE MILCHSTRAẞE

Bei Nacht, weit entfernt von den künstlichen Lichtern der Stadt – den Hochhäusern, den Fabriken und Stadien –, kannst du erkennen, dass der Himmel durchzogen von einem hellen Sternenband ist. Das ist die Milchstraße. Am besten ist sie im Sommer, zwischen Juni und August, auf dem offenen Land oder in den Bergen zu sehen.

Die Menschen auf den Osterinseln haben richtig Glück: Von dort, mitten im Pazifischen Ozean, haben sie einen herrlichen Blick auf die Milchstraße!

Erfahre mehr über die MILCHSTRAẞE *auf Seite 108.*

Wär ich ein Sternbild,
so zeigte ich mich
voll in Aktion:

Zwei Sterne wären
meine offenen Hände,

wie Kometen
gingen meine Füße
auf Entdeckungstour,

ein Diamant strahlte
als mein Bauchnabel,

als hellste Lichter aber
blickten meine staunenden Augen in die Unendlichkeit.

Selbermachen

FOTOGRAFIERE DEN HIMMEL!

Meine Schwester erklärt mir, wie ich die Einzelheiten der Milchstraße auf einem Foto einfangen kann. Dafür brauchen wir ein Stativ, einen guten Fotoapparat und lange Belichtungszeiten.

»Können wir nicht auch mit dem Smartphone den Himmel fotografieren?«, frage ich.

»Klar, aber am besten mit einer App, bei der du die Belichtungszeit verändern kannst.

Probier's einfach aus: Fang mit 20 Sekunden Belichtung an, das nächste Bild machst du mit 40 Sekunden, dann mit einer Minute: Je länger die Belichtungszeit ist, umso mehr Sterne siehst du auf deinen Fotos.«

Und dann konnten wir mit den längsten Belichtungszeiten sogar die Bewegung der Sterne fotografieren – wie cool!

Legenden

DIE MILCHSTRASSE IN DER ANTIKE

Meine Schwester erzählt gern Geschichten über den Himmel. Es gibt ganz viele davon. Sie sagt, das Firmament sei wie ein Buch mit Tausenden von Seiten, geschrieben in all den unterschiedlichen Sprachen der Welt. Denn ganz gleich, wo sie sich befinden, die Menschen beobachten schon seit Urzeiten den Himmel.

So gibt es zum Beispiel die griechische Legende, die von der Geburt der Milchstraße erzählt. Es heißt, dass Zeus mit der Sterblichen Alkmene seinen Sohn Herkules zeugte, einen Halbgott. Zeus wünschte, dass seine Ehefrau Hera ihn stillte, damit Herkules unsterblich würde. Während sie schlief, legte Zeus ihr das Baby an die Brust. Die Milchstraße entstand, als aus Heras Brust Milch quoll, während der kleine Herkules trank. Die Milch bildete eine Straße im Himmel, die zum Palast von Hera und Zeus führte.

Der griechische Mythos um die Milchstraße inspirierte auch Künstler wie den Venezianer Tintoretto, der 1575 ihre Entstehung malte. Dieses Gemälde hängt heute in der Nationalgalerie in der englischen Hauptstadt London.

Jedes Volk der Welt hat seine eigenen Legenden. Die südamerikanischen Inkas glaubten zum Beispiel, dass der von der Erde sichtbare Teil der Milchstraße der Fluss ihres Wettergottes Illapa sei, durch den er Regen schickte. Einige der indigenen Völker Nordamerikas, die Cherokee und die Pawnee, glaubten, dass die Seelen von verstorbenen Frauen und Alten zu einem Stern am nördlichen Ende der Milchstraße gebracht würden.

Der etwa im Jahre 460 vor Christus geborene griechische Philosoph Demokrit und die arabischen Astronomen stellten sich vor, dass dieses helle Band am Himmel aus sehr vielen Sternen bestehen müsse, während andere glaubten, es seien am Himmel aufgehängte Lampen.

Galileo Galilei betrachtete schließlich die Milchstraße durch ein Fernrohr und erkannte, dass sie sich aus unzähligen Sternen zusammensetzt, die das menschliche Auge aus der Ferne nicht unterscheiden kann.

! *So beschrieb* GALILEO GALILEI *(1564–1642) die Milchstraße: »Denn die Milchstraße ist nichts als eine Ansammlung von unzähligen, in Haufen gruppierten Sternen. Auf welchen ihrer Abschnitte man nämlich das Fernrohr auch richten mag, sogleich zeigt sich dem Blick eine ungeheure Menge von Sternen, von den mehrere ziemlich groß und sehr auffallend sind; doch die Zahl der kleinen ist jedoch schlechthin unerforschlich.« (aus: Sidereus Nuncius, 1610)*

Selbermachen

WIRKLICHE ODER SCHEINBARE GRÖẞE

Ich muss meiner Schwester etwas gestehen: Ganz gleich, wie sehr ich mich auch anstrenge, immer wenn sie das Wort »Stern« ausspricht, stelle ich mir ein Pünktchen am Himmel vor und sonst nichts. Sie nickt und sagt: »Vielleicht hilft dir ein einfaches Experiment dabei, zu begreifen, dass das Pünktchen am Himmel nicht die wirkliche Größe eines Sterns ist, sondern nur seine scheinbare.«

Sie gibt mir ihren Stift und bittet mich, dessen Enden mit den Spitzen meiner Zeigefinger festzuhalten. »Das ist die wirkliche Größe des Stiftes, etwa 15 Zentimeter. Jetzt leg den Stift ab und beweg dich von ihm fort. Verändere dabei den Abstand deiner Finger so, dass das Bild des Stiftes immer zwischen ihnen bleibt. Das ist die scheinbare Größe. Merkst du, dass du die Finger immer dichter zusammenbringen musst, je weiter du dich von dem Stift entfernst? Die scheinbare Größe des Stiftes hängt also davon ab, wie weit du von ihm weg bist. Sie wird kleiner, je größer deine Entfernung zu ihm wird. Das Gleiche passiert mit den Sternen: Sie sind sehr, sehr weit weg und sehen daher am Himmel so winzig aus, als wären sie ein Staubkorn in der Atmosphäre.«

STERN ODER PLANET?

Meine Schwester hilft mir, ein helleres Pünktchen am Himmel ausfindig zu machen.

Ja, jetzt habe ich es gefunden! Das ist kein Stern, sondern der Planet Venus.

Zu manchen Zeiten im Jahr kannst du die Planeten Merkur, Venus, Mars, Jupiter und Saturn mit bloßem Auge erkennen. Sie erscheinen als besonders helle Pünktchen am Himmel. Planeten strahlen aber nicht von sich aus, sondern sie reflektieren das Licht der Sonne.

Ob du einen Stern oder einen Planeten am Himmel siehst, kannst du an seinem Licht erkennen: Das Licht eines Planeten scheint gleichmäßig, das eines Sterns flackert.

Grund für das Flackern ist die ungeordnete Bewegung der Gasteilchen in unserer Atmosphäre, die sich zwischen uns und dem Stern befinden.

Die Planeten unseres Sonnensystems sind näher an der Erde als die Sterne (daher erscheinen die Planeten etwas größer). Das Licht, das sie reflektieren, wird weniger von der Atmosphäre gestört und erscheint daher unveränderlich.

➲ *In Kapitel 7 lernst du die* PLANETEN *und unser* SONNENSYSTEM *kennen.*

Stern

Planet

WO SIND WIR?

»Aber wo sind wir im Universum? Ich meine, wenn ich jemandem, der auf einem anderen Planeten lebt, meine Adresse geben müsste, was würde ich sagen?«

Meine Schwester lacht, dann erklärt sie: »Unsere Erde ist einer der Planeten im Sonnensystem, der drittnächste zur Sonne. Das Sonnensystem befindet sich in der Milchstraße. Die Milchstraße selbst ist eine Galaxie, also ein Verbund von Hunderten Milliarden von Sternen, von denen der größte Teil so ähnlich ist wie die Sonne. Ich fürchte, ohne genauere Angaben werden deine Alien-Freunde es schwer haben, dich zu finden!«

»Wow …«

»Und wenn die Heimatplaneten deiner Freunde dann noch in anderen Galaxien liegen, wird es noch schwieriger, denn die Milchstraße ist nur eine von Millionen von Galaxien, die wir im Universum kennen.«

»Planet Erde, Sonnensystem, Milchstraße … Wenn mir also jemand von einem anderen Planeten irgendwo im Universum eine Postkarte schreiben will, müsste er diese Adresse angeben!«

Und vor dem Anfang?
Vor dem ersten Gong?
Vor dem Big Bang,
wissen wir was davon?

Halt dich gut fest:

Energie – Materie – Licht,
das gesamte Weltall
passte
in eine Nussschale.

Kapitel 2

DER URKNALL: WIE ALLES BEGANN

Es ist etwas völlig anderes, den Himmel abseits vom Lärm und von den Lichtern der Großstadt zu beobachten. Die Nacht ist viel mehr Nacht, die Stille ist richtig still. Meine Augen haben sich so an die Dunkelheit gewöhnt, dass ich jetzt sogar Lichtpünktchen an Stellen entdecke, die vorher vollkommen schwarz schienen. Ich vertiefe mich in diese geheimnisvolle Sternenlandschaft, da erzählt mir meine Schwester etwas Erstaunliches.

»Weißt du, dass der Himmel nicht immer so gewesen ist?"

»So wie?«

»So groß, so voller Sterne und Planeten …«

»Und wie war er dann?«

»Wenn wir mit einer Zeitmaschine mehr als 13 Milliarden Jahre zurückreisen könnten, dann würde es keine Planeten wie den Mars, keine Sterne wie die Sonne und keine Galaxien wie die Milchstraße geben. Am Anfang seiner Geschichte war das Universum winzig klein, und all die Materie und das Licht drängten sich auf einem Raum, der nicht größer war als eine Nuss. Materie und Licht waren eins, weil das Universum so dicht und so heiß war, dass kein Lichtteilchen und kein Stückchen Materie entweichen konnten.«

»Und dann?«

»Plötzlich begann es, sich auszudehnen wie nach einer großen Explosion.«

»Der Urknall!«

»Genau. Durch den Urknall entstand das Universum.«

DIE GEBURT DES UNIVERSUMS

Alles begann vor 13,8 Milliarden Jahren. Wir wissen wenig darüber, was genau geschah, wir wissen nur, dass damals alles auf engstem Raum ganz dicht zusammengedrängt war. Die riesige Menge an Materie und Energie war zu einer Art Suppe zusammengepresst, in deren immenser Hitze alle Elemente verschmolzen waren und sich nicht voneinander lösen konnten.

Nach dem Urknall fing das Universum an, sich auszudehnen, sodass diese Suppe abkühlte und alle Bestandteile, aus denen sie gemacht war, mehr Raum einnehmen konnten. Am Anfang ging die Ausdehnung enorm schnell vor sich, und sie dauert noch immer an.

Heute können wir die Geschwindigkeit, mit der sich das Universum ausdehnt, messen. Dafür beobachten wir die Galaxien, die sehr weit von der Milchstraße entfernt sind. Und da wir diese Galaxien natürlich nicht selbst vor Ort erforschen können, bleibt uns nur ein Weg: Wir untersuchen das Licht, das durch das Universum zu uns gelangt.

Das Licht

Unsere Augen können nur BESTIMMTE WELLENLÄNGEN *sehen. Jeder dieser Wellenlängen ist eine Farbe zugeordnet: Die kurzen Wellen erscheinen blau, die langen rot. Mit ausgeklügelten Instrumenten (den Teleskopen) können wir jedoch auch die Wellenlängen des Himmels beobachten, die für unsere Augen unsichtbar sind: die ganz kurzen Gamma- und Röntgenstrahlen, die sehr langen Infrarot-Strahlen und die megalangen Radiowellen, die ein paar Meter lang sein können.*

Wir können es nicht berühren, nicht einfangen, und wir können es nur dann sehen, wenn es direkt in unsere Augen trifft. Aber was ist Licht eigentlich? Woraus besteht es? Und wenn wir einen Lichtstrahl vergrößern könnten, was würden wir entdecken?

Licht ist eine Form von Energie, Strahlung genannt, die sich im Raum ausbreitet. Es hat eine Doppelnatur: Einerseits verhält es sich wie ein Fluss aus Lichtteilchen (Photonen), die gemeinsam ein leuchtendes Bündel bilden; andererseits bewegt es sich wie eine Welle. Und genau wie eine Welle im Meer wird dieses Licht durch zwei wichtige Maßeinheiten bestimmt: durch seine Wellenlänge und seine Amplitude – also die Entfernung der Wellenkämme voneinander und ihre Höhe.

DAS LICHT *erlaubt uns, das Weltall und die Geschehnisse aus der Vergangenheit zu erforschen und zu beobachten. Wie, erklären wir dir in Kapitel 3.*

Wissenschaftlerinnen und Wissenschaftler nennen die Geburt des Universums URKNALL*: Aus dieser großen, unerwarteten Explosion ist alles, was wir kennen, entstanden und gewachsen. Der englische Begriff lautet »Big Bang«. Das ist ein sprechender Name, denn er vermittelt sehr gut die Idee, wie sich etwas aus einem sehr kleinen Raum plötzlich gewaltig ausdehnt.*

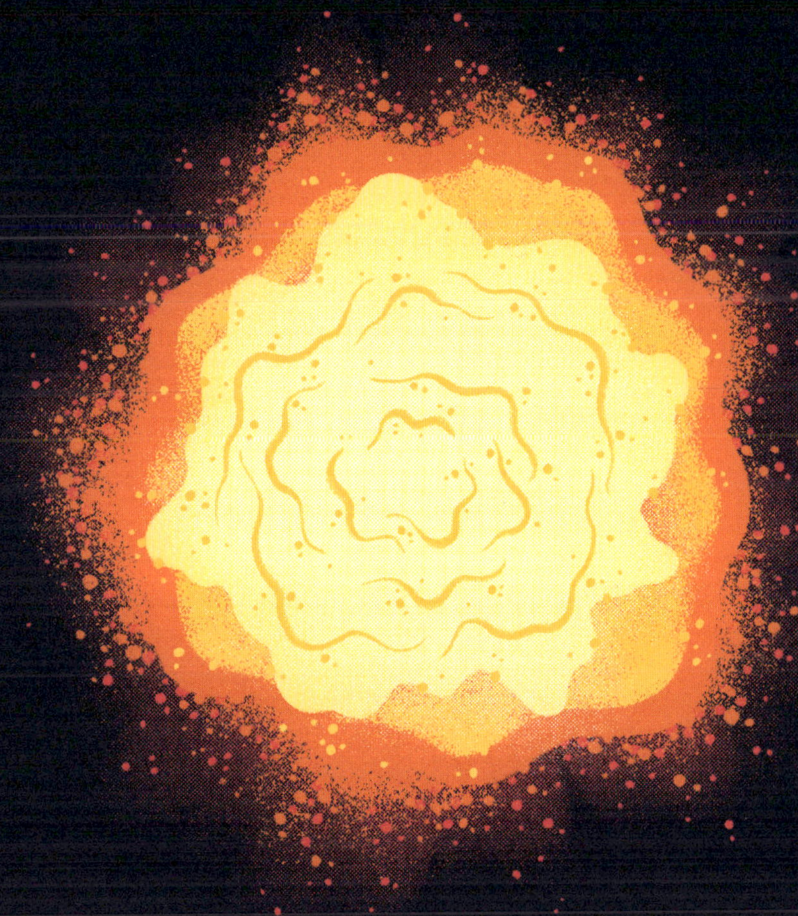

DARSTELLUNG DES LICHTS ALS WELLE

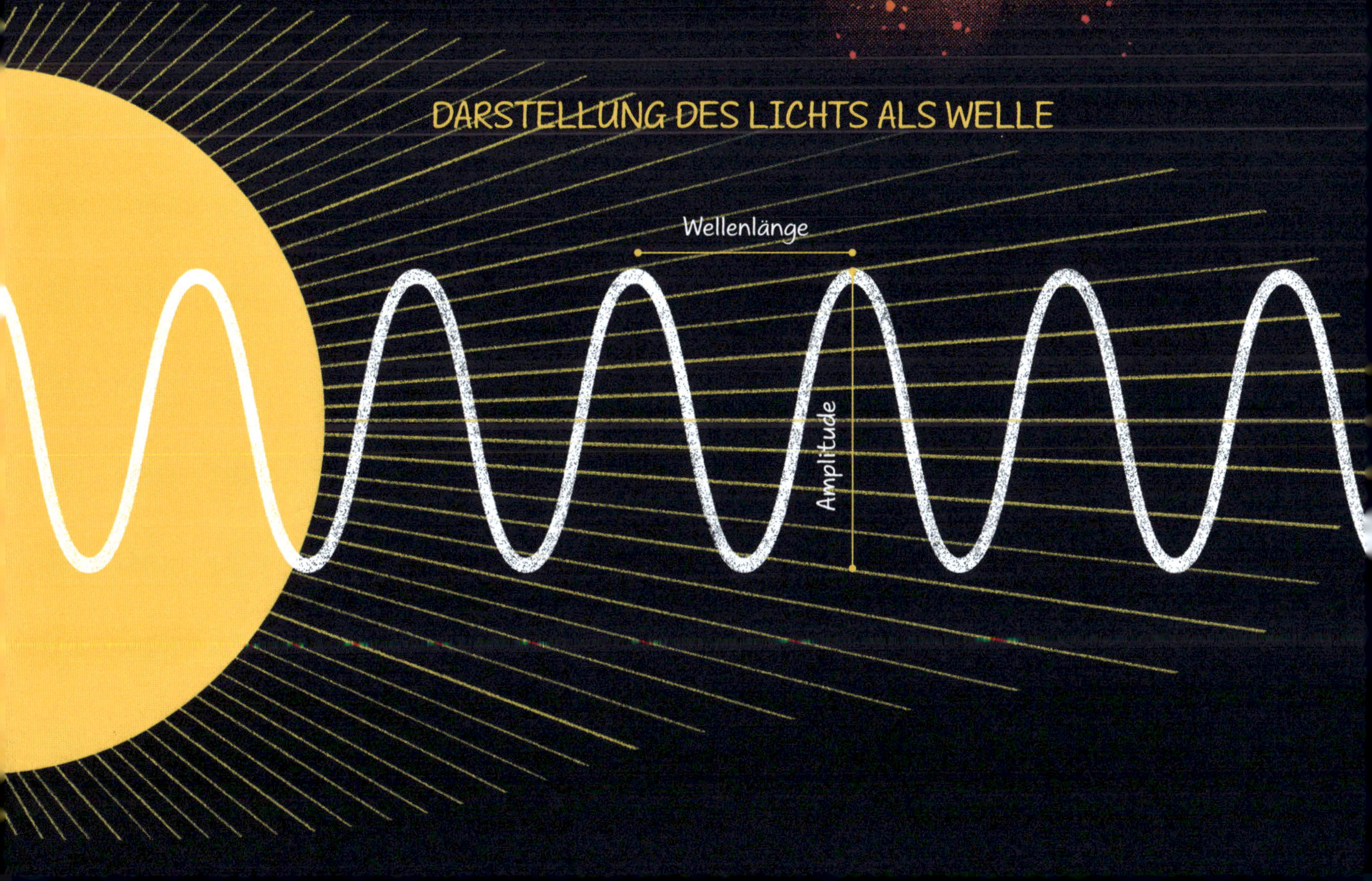

Das Universum in der Nussschale

Das lustige Bild vom Universum in der Nussschale stammt von dem berühmten britischen Astrophysiker Stephen Hawking. Das Universum war zu Zeiten des Urknalls in Wirklichkeit noch sehr viel kleiner als eine Nuss, so klein, dass wir es gar nicht messen könnten.

Die kleinste Größe, die durch unsere Theorien beschrieben wird, ist die so genannte Planck-Länge: Eine Nussschale ist 1.000.000.000.000.000.000.000.000. 000.000.000 (33 Nullen!)-mal größer als eine Planck-Länge! Da aber das Universum bei seiner Geburt sogar noch kleiner war als eine Planck-Länge, sind uns dessen früheste Details nicht zugänglich. Es ist in etwa so, als wenn wir ein Di-

gitalfoto vergrößern wollten und ab einer bestimmten Größe nur noch die Pixel sehen. Eine weitere Vergrößerung bringt keine neuen Einzelheiten hervor.

Die Planck-Länge stellt sozusagen die »Auflösungsgrenze« unseres Wissens dar.

Aber WIE GROß *ist das Universum? Das erfährst du auf Seite 52.*

Der Begriff BIG BANG *stammt aus dem Jahr 1949. Da verwendete der Wissenschaftler Fred Hoyle ihn zum ersten Mal in einer Radiosendung.*

DAS UNIVERSUM DEHNT SICH AUS!

Meine Schwester holt einen schlaffen Luftballon.

»Stell dir vor, das Universum ist die Oberfläche dieses Ballons«, sagt sie und gibt mir einen Filzstift. »Mal damit ganz viele Punkte auf den Ballon. Das sind die Galaxien.«

Als ich fertig bin, pustet sie den Ballon auf.

»Was passiert dabei?«, fragt sie mich.

Alle Galaxien entfernen sich voneinander. Und mir fällt auf, dass die Galaxien, die weiter von unseren Augen weg sind, sich schneller entfernen, als die, die dichter dran sind.

In den 1920er-Jahren beobachtete der amerikanische Astronom Edwin Hubble auf dem Mount Wilson in Kalifornien, USA, Galaxien durch ein Teleskop, das damals eines der besten der Welt war. Er bemerkte, dass die Galaxien sich genauso verhielten wie die Punkte auf dem Luftballon: Je weiter sie weg waren, umso schneller entfernten sie sich. Dieses merkwürdige Verhalten konnte nur einen Grund haben: Das Universum dehnt sich immer noch aus und zieht die Galaxien mit sich.

Es gibt verschiedenen Theorien über das Ende des Universums. Die Theorie des BIG FREEZE *(das Große Einfrieren) geht davon aus, dass das Universum sich unendlich ausdehnt, bis es irgendwann kalt und dunkel wird. Die Theorie des* BIG CRUNCH *(der Große Zusammenbruch) sieht vor, dass die Ausdehnung des Universums sich irgendwann verlangsamt, dann aufhört und sich umkehrt. Danach soll sich das Universum wieder zusammenziehen. Diese Annahme führte zu der Theorie des* BIG BOUNCE *(der Große Rückprall). Sie besagt, dass ein vorheriges Universum sich erst zusammengezogen und dann im Big Bang wieder ausdehnt hat. Nach diesem Modell würde sich nach dem Ende eines alten Universums regelmäßig ein neues entwickeln. Aber nach allem, was wir bis jetzt über das Universum wissen, ist es am wahrscheinlichsten, dass der Raum sich unendlich ausdehnen wird. Die Theorie des Big Crunch ist nicht sehr wahrscheinlich.*

DAS ERSTE LICHT, DAS ERSTE FOTO

Die seltsame und geheimnisvolle Phase, in der die Materie und das Licht sich nicht frei bewegen konnten, weil sie zu heiß und zu dicht gedrängt waren, dauerte nur ganz kurz. Im nächsten Moment schon war unser Universum groß genug, dass sich das Licht von der Materie trennte und in Bewegung geriet. Als die Lichtstrahlung sich frei auszubreiten begann, war das so, als wäre ein Foto gemacht worden, das Informationen zu diesem Ereignis festhielt: Die Strahlung breitete sich zusammen mit dem Universum aus, und nahm dabei dieses erste »Foto« mit.

Das Licht ging auf eine Milliarden Jahre dauernde Reise und durchquerte dabei das Universum in all seinen Entwicklungsphasen. Manchmal wurde das Licht von der Materie gebremst, auf die es traf, manchmal wurde es absorbiert, also geschluckt, oder in andere Richtungen reflektiert, also zurückgestrahlt. Stell dir vor, wie viele Informationen auf diesem ersten »Licht-Foto« vorhanden sind!

Während der langen Reise durch das sich ausdehnende Universum, verändert das Licht langsam seine Eigenschaften: Seine Wellenlänge wird von der Ausdehnung auseinandergezogen. Dadurch verliert es Energie und wird kälter. Würden wir dem ersten Licht von dem Moment an folgen, als es sich gerade von der Materie getrennt hat, bis zur Erde der Gegenwart, so würden wir feststellen, dass es sich so weit abgekühlt hat, dass das menschliche Auge es nicht mehr sehen kann. 1964 konnten Arno Penzias und Robert Woodrow Wilson dieses Licht fast zufällig mit Hilfe einer sehr empfindlichen Radioantenne messen.

Dieses Licht nennen wir kosmische Mikrowellenhintergrundstrahlung oder CMB (Cosmic Microwave Background).

! EIN FOSSIL ... AUS LICHT

Die KOSMISCHE HINTERGRUNDSTRAHLUNG *ist wie eine Karte, die wir deuten und erforschen können, um etwas mehr über unsere Vergangenheit herauszufinden. Das Licht kommt nämlich aus Bereichen mit ganz unterschiedlichen Temperaturen: Manche Bereiche sind* ETWAS WÄRMER *(rot in der Illustration) und andere* ETWAS KÄLTER *(blau gefärbt). Die Farben zeigen uns, in welchen Bereiche damals* MEHR *und in welchen* WENIGER MATERIE *vorhanden war. Wir erforschen diese Hintergrundstrahlung heute immer noch – das ist fast wie ein Archäologieprojekt, bei dem wir noch nicht alles ausgegraben haben.*

Erfahre auf den Seiten 66–69 alles über die WELLENLÄNGE DES LICHTS.

DIE ENTSTEHUNG DER MATERIE

In den ersten drei Minuten des Universums haben sich die Bausteine gebildet, aus denen alles besteht: die Protonen, die Neutronen und die Elektronen. An den Orten, an denen diese dichter beisammen waren, stießen die schwereren Bausteine (Protonen und Neutronen) zusammen, verbanden sich und bildeten die Kerne der ersten chemischen Elemente. In dieser Phase entstanden nur ganz einfache Elemente: Als Erstes der Wasserstoff, der nur ein Proton besitzt.

Woraus besteht die Materie?

Die Bausteine der Materie sind Protonen, Neutronen und Elektronen. Protonen und Neutronen bilden den Atomkern, um den die Elektronen kreisen.

Auf welche Weise sich Protonen und Neutronen verbinden sowie ihre Anzahl entscheiden über die Art der Materie. Die Elektronen helfen den verschiedenen Atomkernen, sich miteinander zu verbinden und dadurch Moleküle zu bilden. Wenn sich beispielsweise zwei Wasserstoff-Atome mit einem Sauerstoff-Atom verbinden, entsteht daraus Wasser.

Unter den extremsten Bedingungen im Universum, etwa im Innern eines Sterns, besitzt ein Atom keine Elektronen, sondern besteht nur aus seinem Kern.

➲ *Wie wichtig das Element* WASSER *für das Leben ist, kannst du auf Seite 188 nachlesen.*

DIE BAUSTEINE DER MATERIE

Schon im 5. Jahrhundert v. Chr. fragten sich die griechischen Philosophen Leukipp und Demokrit, wie oft sich Materie teilen lässt. Sie vermuteten, dass sie aus kleinsten Bausteinen bestehen musste, die sie »Atom« (»das Unzerschneidbare« auf Griechisch) nannten. Doch erst im 19. Jahrhundert entwickelte der englische Naturforscher John Dalton eine wissenschaftliche (also keine philosophische) Theorie über die Existenz der Atome.

DER AUFBAU EINES ATOMS

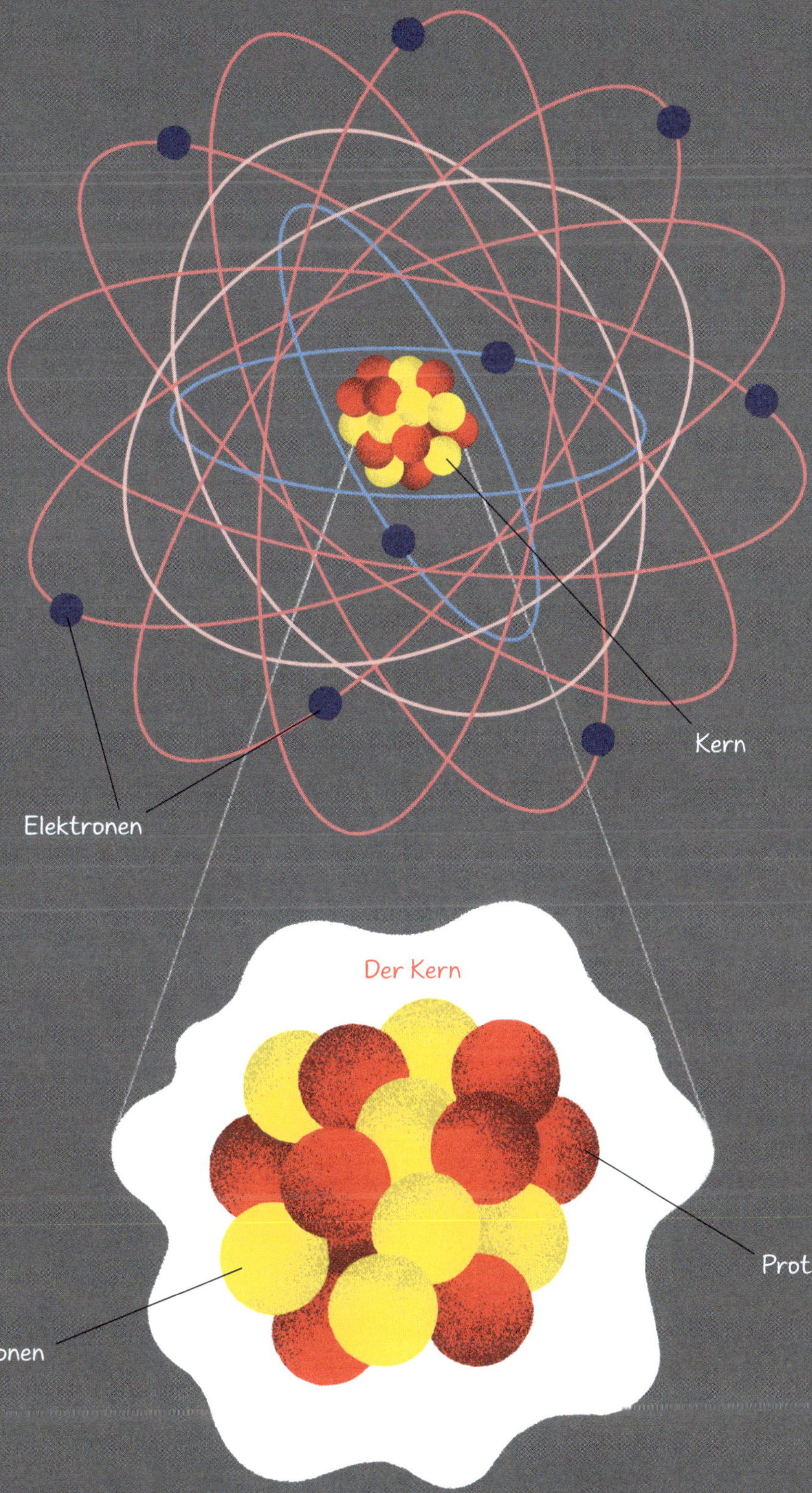

Selbermachen

BAUE EIN BABY-UNIVERSUM

Zu Hause haben wir Baukästen, mit denen ich sehr gern spiele. Aber jetzt benutzt meine Schwester die Klötze, als wären sie die Bausteine des Universums. Wir stellen ein neugeborenes Universum nach!

Dazu benötigen wir Klötze in drei Farben: die roten sind die ersten Protonen, die gelben die ersten Neutronen, und die blauen sind die Elektronen. Wir beginnen mit einem Wasserstoffkern, dem allersten Element: Er besteht aus nur einem Proton, also aus nur einem roten Klotz.

Welche Kerne können wir wohl mit den ersten Elementarteilchen, die wir haben, nachbauen? Wir versuchen, sie zu kombinieren!

Schon 1957 sprach der Science-Fiction-Autor und Biochemiker Isaac Asimov in einem seiner Bücher von den »BAUSTEINEN DES UNIVERSUMS«.

ENTWICKLUNG DANK GRAVITATION

Nachdem sich im jungen Universum das Licht und die Materie getrennt hatten, machte sich das Licht sofort auf den Weg. Aber was passierte mit der Materie? Sie sortierte sich auf möglichst einfache Art neu. Von nun an wurde sie von der Schwerkraft, der Gravitation, geformt.

Die Anziehungskraft

Es heißt, dass um das Jahr 1660 der englische Physiker Isaac Newton unter einem Apfelbaum eingeschlafen war, als sich ein Apfel vom Ast löste und ihm auf den Kopf fiel. Newton fragte sich daraufhin: Wenn der Apfel vom Baum fällt, warum fällt dann der Mond nicht auf die Erde? Wir wissen nicht genau, ob diese Geschichte wahr ist, aber sicher ist, dass Newton damals erkannte, dass die Schwerkraft, die den Apfel vom Baum fallen ließ, auch die Kraft ist, die die Bewegungen der Sterne und Planeten am Himmel lenkt.

Die Anziehung zwischen zwei Körpern wird größer, je massereicher die Körper sind und je näher sie beieinander liegen. Wenn wir also auf der Erde 50 Kilogramm schwer sind, so würden wir auf dem Mond nur acht Kilo wiegen, weil er etwa 85-mal leichter und etwa viermal kleiner ist als die Erde. Auf dem Jupiter, der 318-mal schwerer und elfmal größer ist als die Erde, würden wir mehr als 126 Kilo wiegen, und ein Spaziergang wäre wirklich mühsam.

Aber warum fällt uns der Mond nicht auf den Kopf wie der Apfel? Wäre der Mond unbeweglich (so wie der Apfel am Baum), würde er durch die Schwerkraft der Erde tatsächlich auf uns stürzen. Aber der Mond bewegt sich: Er dreht sich um die Erde, und seine Drehung (Rotation) wirkt ihrer Gravitationskraft entgegen. Aus dem gleichen Grund widerstehen alle Planeten in unserem Sonnensystem der Gravitationskraft der Sonne, denn sie kreisen um unseren Stern, jeder in seiner eigenen Geschwindigkeit.

Die Bewegung der Planeten im SONNENSYSTEM erklären wir dir auf Seite 150.

Auf Seite 152 erfährst du beim Selbermachen, wie die ROTATION gegen die SCHWERKRAFT wirkt.

DIE FLUCHTGESCHWINDIGKEIT

Wirfst du einen Ball in die Luft, so fällt er nach wenigen Sekunden wieder auf die Erde. Das liegt an ihrer Schwerkraft. Doch wenn du den Ball sehr schnell, beispielsweise mit der Geschwindigkeit einer Rakete, werfen könntest, so würdest du die Schwerkraft der Erde überwinden und ihn ins Weltall schleudern. Die Geschwindigkeit deines Balls hätte dann die so genannte FLUCHTGESCHWINDIGKEIT übertroffen. Wie hoch diese Geschwindigkeit sein muss, hängt von der Schwerkraft des Planeten ab. Um ins Weltall zu gelangen müsste dein Ball 165-mal schneller sein als ein Formel-1-Auto. Wärst du auf dem Mond und würdest von dort den Ball werfen, reichte eine fünfmal niedrigere Geschwindigkeit.

KOSMISCHE SPINNENNETZE

Durch die Gravitation verdichtete sich also die Materie im Universum an bestimmten Punkten, an denen diese Kraft stärker wirkt. Erinnerst du dich an die heißen Bereiche auf dem Bild der kosmischen Hintergrundstrahlung von Seite 31? In diesen Bereichen befand sich mehr Masse und somit war die Schwerkraft dort höher. Diese zog immer mehr der umliegenden Materie an. Durch diesen Vorgang verteilte sich die Materie unregelmäßig im Universum und formte eine Art kosmisches Spinnennetz. In den dichteren Bereichen, wo sich mehrere fadenartige so genannte Filamente trafen, entstanden die Galaxien.

! DAS GEHEIMNIS DES UNIVERSUMS

*Heute gehen wir davon aus, dass etwa 85 Prozent der Materie im Universum dunkel ist und weder Licht absorbiert noch ausstrahlt. Astrophysiker*innen haben diese unsichtbare Materie entdeckt, indem sie die Wirkung beobachteten, die diese Dunkle Materie durch ihre Anziehungskraft auf die Bewegung der Sterne ausübt. Die Teilchenphysik, die die Zusammensetzung der Materie auf der kleinsten Ebene erforscht, vermutet, dass die Dunkle Materie aus einer neuen Art von Elementarteilchen besteht. Diese Teilchen unterscheiden sich von der Materie, aus der wir, die Planeten oder die Sterne gemacht sind. Die Dunkle Materie ist eines der größten noch ungelösten Geheimnisse des Universums.*

Wie die DUNKLE MATERIE *auf die Bewegung der Sterne wirkt, erfährst du auf Seite 128.*

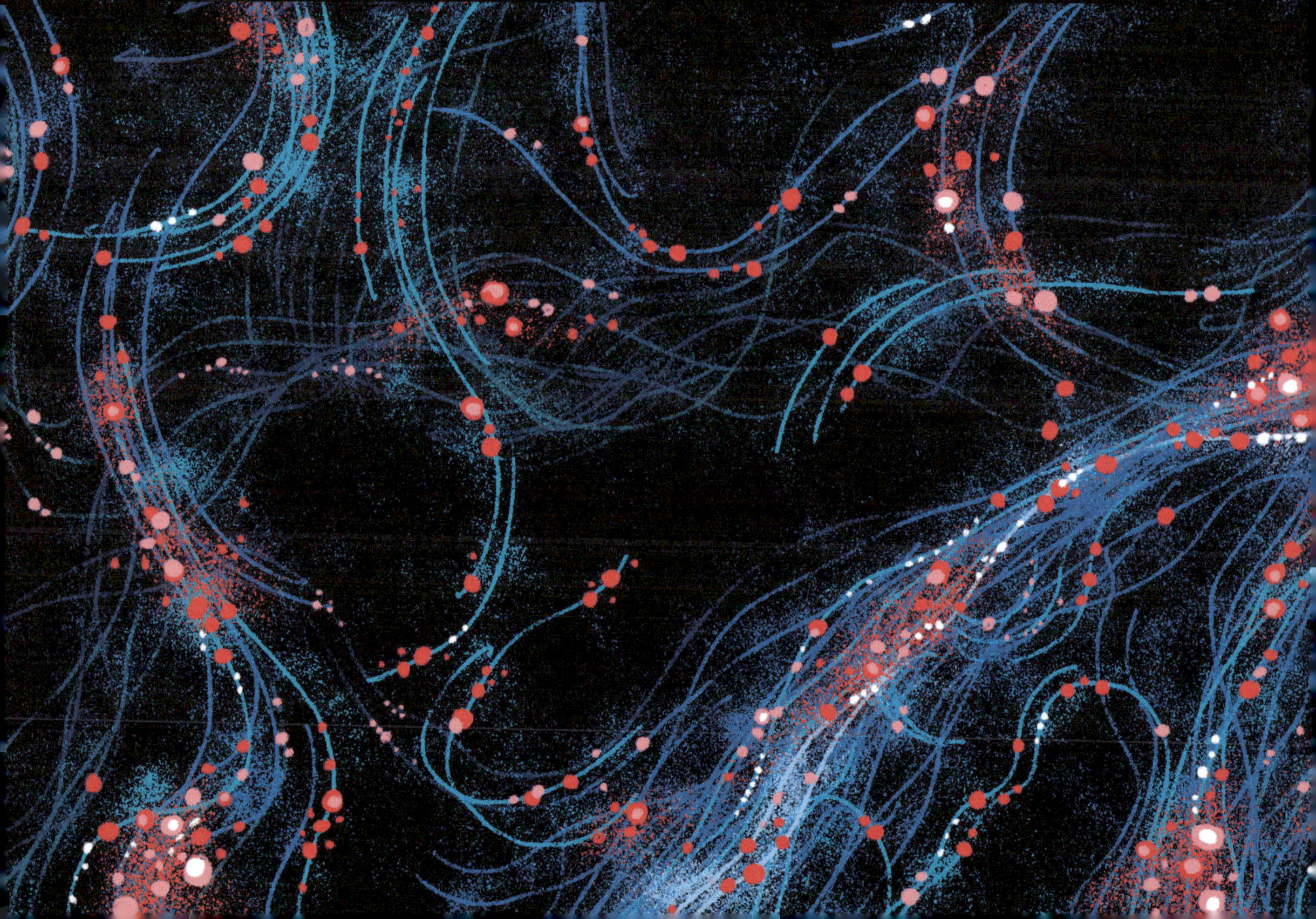

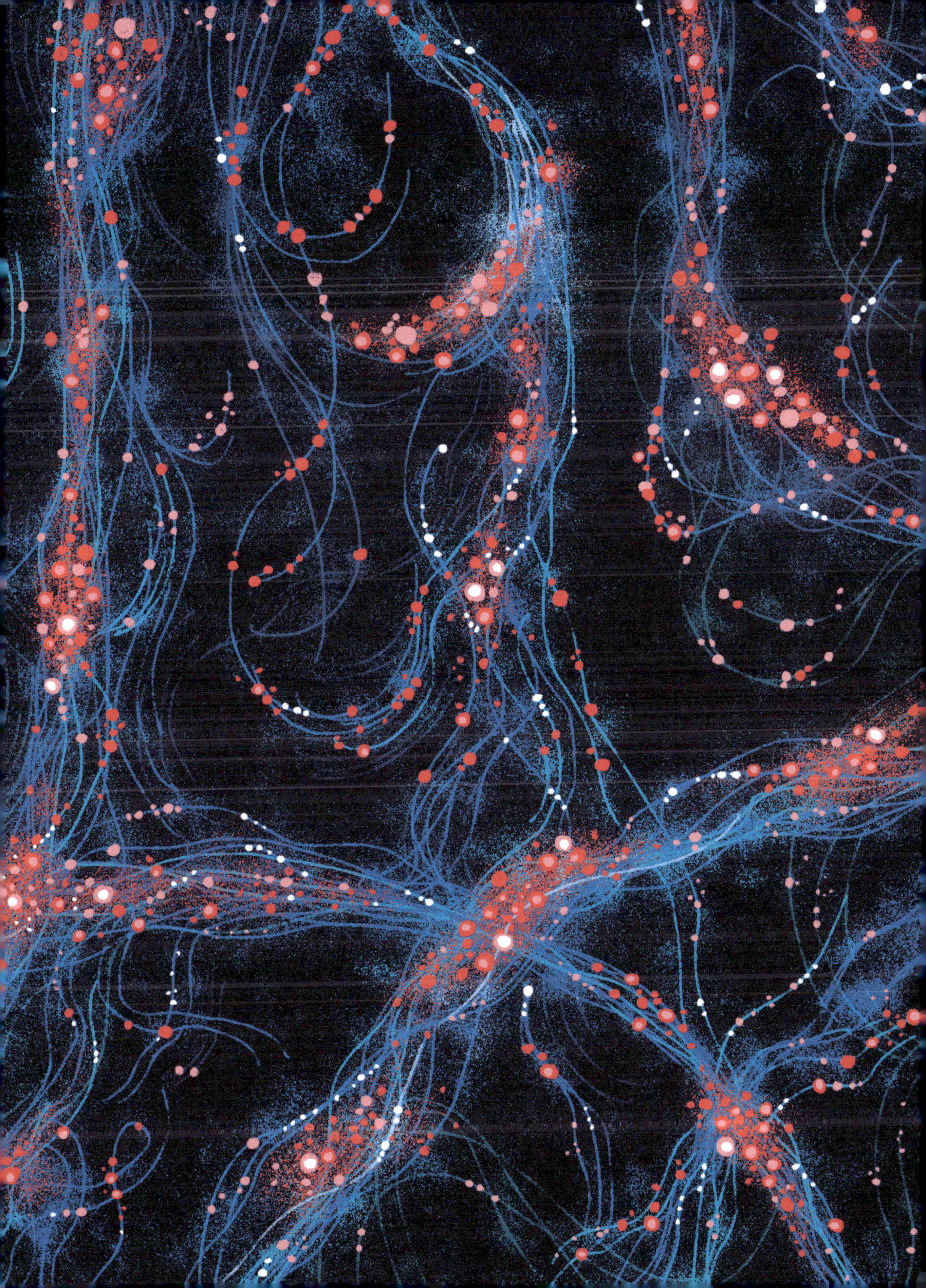

VOM DUNKEL ZUM LICHT

In den ersten 100 Millionen Jahren des Universums war die kosmische Hintergrundstrahlung das einzige Licht. Während sich das Universum ausdehnte, war es zuerst noch dunkel und kalt. Doch als die Gravitation an den dichten Stellen des kosmischen Spinnennetzes genügend Materie angesammelt hatte, bildeten die Wasserstoffmoleküle Wolken aus dichtem Gas. Daraus entstanden die Sterne und es wurde hell im Universum!

Von klein zu groß

Wahrscheinlich waren die ersten Galaxien, in denen sich diese ersten Sterne bildeten, sehr viel kleiner als unsere Milchstraße. Ganz genau können wir das nicht sagen, weil sie so weit von uns entfernt sind, dass wir ihr Licht nicht einfangen können, nicht einmal mit unseren leistungsstärksten Teleskopen.

Wenn sich zwei Galaxien nahekommen, ziehen sie einander durch die Gravitation an und vereinen sich schließlich zu einer größeren Galaxie. Im jungen Universum kamen diese spektakulären galaktischen Umarmungen vermutlich häufig vor. Wahrscheinlich sind auf diese Weise immer größere Galaxien, etwa die Milchstraße, entstanden.

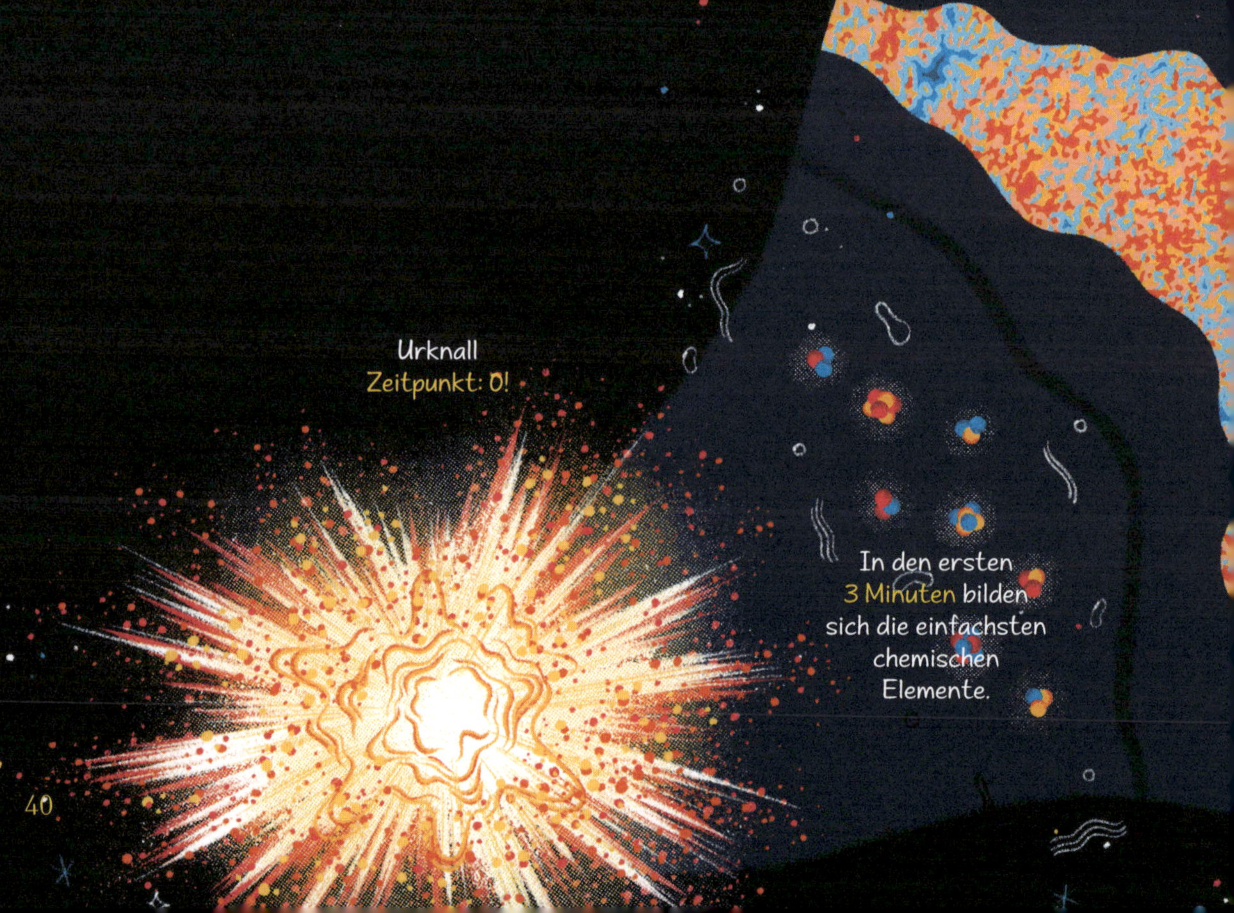

Vom Baby-Universum
gibt es ein Foto,
ein uraltes Bild,
eine Spur aus
ursprünglichem Licht,
ein Fossil der Kosmologie.

Wer hätte gedacht,
dass wir in den Sternen
Archäologie
betreiben können.

Heute ist das Universum
13,8 Milliarden Jahre alt.

100–200 Millionen Jahre
nach dem Urknall
formen sich
die ersten Sterne
und Galaxien.

Die Milchstraße in
ihrer heutigen Form
entsteht, als das
Universum etwa
5 Milliarden Jahre
alt ist.

9 Milliarden Jahre
nach der Geburt
des Universums
bildet sich unser
Sonnensystem.

Als das Universum
380.000 Jahre
alt ist, trennt sich
das Licht von der
Dunkelheit.

Warum sind die ÄLTESTEN ASTRONOMISCHEN OBJEKTE *so weit weg? Das erfährst du auf den Seiten 52 bis 55.*

Kapitel 4 erklärt dir, wie STERNE *entstehen und sich entwickeln.*

Willst du wissen, wie die GALAXIEN *klassifiziert werden? Lies nach auf den Seiten 120 bis 125.*

Selbermachen

SCHWERKRAFT VEREINT

Wir trommeln mehr als zwanzig Freundinnen und Freunde zusammen und treffen uns mit ihnen auf einer Wiese. Meine Schwester möchte uns die Wirkung der Schwerkraft zeigen. Dafür hat sie ein Metronom mitgebracht, aber es reicht auch, wenn jemand den Takt klatscht. Jeder Schlag markiert einen Entwicklungsschritt unseres Universums.

Jeder Mitspielende stellt einen Stern dar, und die einzige Art, durch die wir uns miteinander verbinden können, ist die Schwerkraft. Wir verteilen uns überall auf der Wiese, also im Raum: Die Materie hat sich gerade gebildet und entwickelt sich nun weiter. Bei jedem Schlag des Metronoms (oder jedem Klatscher) suchen wir die Person, die uns am nächsten ist, und machen einen Schritt auf sie zu: Ihre Anziehungskraft bewegt uns! Wenn wir dicht beieinander sind, bilden wir Paare, und nun ziehen sich die Paare an. Nach kurzer Zeit bilden wir kleine Gruppen und werden zu einer Galaxie! Die Gravitation ist tatsächlich in der Lage, solch riesige Gebilde wie die Galaxien zu schaffen. Wir fangen mehrmals von vorn an, stellen uns immer an andere Punkte oder erhöhen die Schläge des Metronoms. Die Anziehungskraft gewinnt immer: In unserem kleinen Universum entstehen ständig neue Galaxien in unterschiedlicher Zusammensetzung.

Danach teilt meine Schwester uns in zwei Gruppen auf, und wir bilden zwei »Karussells«: In jedem steht eine Person in der Mitte, und bei ihr beginnen zwei Ketten aus Freunden und Freundinnen, die sich an den Händen fassen. Wir bilden zwei Spiralgalaxien: Dann starten wir das Metronom, und mit jedem Schritt der Entwicklung versucht jede Galaxie, um ihre Mitte zu kreisen. Als wir das hinbekommen, beginnt die Gravitation der beiden Galaxien zu wirken, und sie ziehen sich an. Während sie rotieren, nähern sie sich einander und berühren sich schließlich. Einige von uns verbinden sich mit der anderen Galaxie, andere lösen sich völlig ab: So bilden wir eine neue Formation. Unser kleines Universum entwickelt sich, bis wir zu einer einzigen Galaxie verschmelzen.

Meine Schwester bittet uns anschließend, die Formen unserer Galaxien während des Spiels mit Teleskopbildern zu vergleichen, auf denen wir die Vereinigung von Galaxien erkennen können.

Wenn du wissen willst, welche Formen GALAXIEN *haben, blättere auf Seite 120.*

Legenden

DIE GEBURT DES UNIVERSUMS: VIELE KULTUREN, ABER NUR EINE GESCHICHTE

Es gibt sehr viele Erzählungen über die Geburt des Universums! Sie werden Kosmogonien genannt. Das sind die Mythen, die von der Entstehung der uns bekannten Welt berichten.

Meine Schwester macht mich auf eine faszinierende Sache aufmerksam: »Die Kosmogonien vieler Kulturen beginnen mit der Entstehung von Zeit und Licht.«

Die Mayas in Südamerika glaubten, dass das Universum mit der Geburt der Zeit begann: Sie schuf die Tage, die Erde, den Himmel und das Meer, danach füllte sie alles mit Licht. Erst dann entwickelten sich Pflanzen und Tiere, Wind und als Letztes die Menschen. Sie alle eroberten unsere Erde, den Himmel und das Meer.

In anderen Mythologien ist das Licht der Ursprung: Die Babylonier dachten, dass es vor der Entstehung von Himmel und Erde nur Dunkelheit und Ungeheuer gab. Marduk, der höchste und mächtigste ihrer Götter, kämpfte gegen das Ungeheuer Tiamat und fing es mit einem Netz aus Licht. Aus dem Rücken von Tiamat formte der Gott den Himmel und aus seinem Bauch die Erde. So entstand die Welt der Babylonier.

Ich glaube,
das Licht
ist des Universums Stimme.

Ein schneller Bote,
nicht zu fangen, nicht zu halten,
er durchquert, prallt ab, berührt,
erreicht meine Augen und
lässt mich entdecken, lässt mich sehen.

Zwischen den Wimpern
lauter Sterne und Planeten!

Meine Pupille
ist das Eingangstor
für ein Wunder.

Kapitel 3

LICHT IM UNIVERSUM

Es ist so schön, den Himmel zu betrachten, dass ich gar nicht müde werde. Heute muss ich nicht das Licht im Zimmer löschen und schlafen, sondern kann mit meiner Schwester so lange die Sterne anschauen, wie ich will. Da kommt mir eine merkwürdige Idee.

»Und was ist, wenn alles Licht am Himmel ausgeht?«

»Dann würden wir nichts mehr sehen. Vor allem aber würden wir nicht mehr so viel darüber erfahren, was im Universum passiert«, erklärt sie.

»Wieso das denn?«

»Weil es das Licht ist, das uns alles über das Universum erzählt. Das Licht, das zu uns gelangt, hat eine ganz eigene Geschichte und eine eigene Zeit. An ihm können wir Dinge ablesen, die vor kurzem passiert sind, erfahren aber gleichzeitig auch etwas über viel weiter zurückliegende Ereignisse. Wir sehen das Licht von jungen Sternen, die näher an der Erde sind, aber auch das Licht, das von sehr weit her kommt und deshalb viel älter ist. Durch die Erforschung des Lichts bekommen wir Hinweise auf die Materie, die es durchdrungen hat, und können sogar die chemische Zusammensetzung der Sterne bestimmen. Das Licht erklärt uns, was mit der Materie passiert, wenn sie um ein Schwarzes Loch kreist, oder wie sie verteilt war, als das Universum noch ganz jung war …«

»Das Licht … ist also echt stark!«

»Ja, wirklich … es ist unser Verbündeter bei der Erforschung des Universums! Also halt gut die Augen offen. Denn wir können das Universum tatsächlich kennenlernen, indem wir es beobachten. Und deshalb sollst du jetzt etwas mehr über das Licht erfahren.«

WIE SEHEN WIR?

Im antiken Griechenland, etwa 500 Jahre vor Christus, stellte die Schule des Pythagoras die ersten Vermutungen über das Sehen an. Einige dieser Philosophen glaubten, dass die Augen heiße Lichtstrahlen aussenden, die auf die Dinge treffen, und wir sie deshalb erkennen. Doch wenn diese Vermutung stimmen sollte, müssten wir ja auch nachts sehen können!

Erst 1.500 Jahre später fand der arabische Gelehrte Alhazen heraus, dass unsere Augen keine Strahlen aussenden, sondern Licht auffangen. Wir sehen einen Gegenstand nur, wenn Licht von ihm ausgeht und auf unsere Augen trifft. Dieses Licht nehmen wir dann wahr. Vergleichbar ist es, wenn wir ein Foto machen: In diesem Fall wird das Licht nicht im Auge gesammelt, sondern auf empfindlichen Oberflächen in der Kamera.

DIE REISE DES LICHTS DURCHS UNIVERSUM

Licht reist eigentlich in einer geraden Linie durch den luftleeren Raum. Bei der Durchquerung des Universums trifft es jedoch auf Hindernisse, die es umleiten oder vollkommen aufhalten: Wenn es beispielsweise sehr dichte Bereiche aus Staub oder Gas durchquert, wird es gefangen, so wie an einem nebligen Tag, wenn wir nichts mehr von dem sehen, was weit von uns weg ist.

Mit Lichtgeschwindigkeit!

Im Weltall kann Licht eine Geschwindigkeit von 300.000 Kilometern pro Sekunde erreichen. Nichts ist schneller! Wie schnell das ist, wird durch dieses Beispiel deutlich: Die Sonne ist etwa 150 Millionen Kilometer von der Erde entfernt – und falls dir das viel erscheint, dann denk dran, dass Proxima Centauri, der nächste Stern, 40.000 Milliarden Kilometer von der Sonne entfernt ist! Wenn wir uns also vorstellen, in einem Raumschiff mit 100 Kilometern in der Stunde (etwa so schnell wie ein Auto auf der Autobahn) zur Sonne zu reisen, würden wir erst in mehr als 170 Jahren dort ankommen. Das Licht hingegen braucht für dieselbe Strecke nur acht Minuten!

➔ STAUB *im Universum? Gibt es wirklich! Kapitel 4 erzählt dir, warum.*

❗ *Der italienische Gelehrte Galileo Galilei vermutete bereits im 17. Jahrhundert, dass das Licht sich mit einer bestimmten* GESCHWINDIGKEIT *fortbewege und es daher für bestimmte Entfernungen eine gewisse Zeit brauche. Galileo experimentierte gern und wollte seine Theorie zusammen mit einem Schüler beweisen. Eines Nachts stieg jeder von ihnen mit einer Laterne auf einen Hügel. Die beiden Hügel waren etwa anderthalb Kilometer voneinander entfernt. Als Galileo seine Laterne anzündete, sollte der Schüler das Gleiche machen. Auf diese Weise wollte Galileo die Zeit messen, die das Licht von seiner Laterne bis zu den Augen des Schülers benötigte und umgekehrt. Leider war die Entfernung der beiden Hügel nicht groß genug, damit diese Messung zum Erfolg führte. Aber heute wissen wir, dass Galileo mit seiner Theorie Recht hatte.*

LENE HAU: DIE PHYSIKERIN, DIE DAS LICHT STOPPTE

Schon als kleines Mädchen hatte Lene Hau eine Vorliebe für die Mathematik. Ganz besonders interessierte Lene sich für Geometrie, denn die half ihr, sich im Geist Dinge vorzustellen. Weil sie außergewöhnlich klug war, übersprang sie die letzten Jahre auf dem Gymnasium und studierte sofort an der Universität Physik.

Dort befasste sie sich viele Jahre mit der Quantenphysik (der Wissenschaft der kleinsten Teilchen und Atome). Sie dachte ununterbrochen darüber nach, wie die Welt im Kleinsten funktionierte – manchmal so konzentriert, dass sie fast vergaß, sich vor dem Duschen auszuziehen.

2001, mit 42 Jahren, gelang Lene etwas, was noch niemand zuvor geschafft hatte: Sie hielt das Licht an. Sie stoppte es für den Bruchteil einer Sekunde und schickte es danach weiter. Diese Leistung gehört zu den wichtigsten Erkenntnissen der jüngsten Zeit und könnte die Zukunft unserer Kommunikation revolutionieren.

Lenes Erfolg hat aber auch mit ihrer Familie zu tun: »Meine Eltern arbeiteten nicht in der Wissenschaft«, erzählt sie. »Mein Vater war Heizungsbauer, meine Mutter Verkäuferin. Aber beide haben mich nie eingeschränkt, und ich durfte immer das Gleiche machen wie mein Bruder. Das war wichtig für meine Entwicklung.«

PHOTONEN-PC

Computer, Platinen und andere elektrische Geräte funktionieren durch die Bewegungen von Elektronen. Der Lichtstrahl, den Lene Hau stoppen konnte, bestand aus Photonen. Dank ihrer Entdeckung ist es möglich, dass in nicht allzu ferner Zukunft Computer gebaut werden können, die anstelle der Elektronen Photonen benutzen und daher … so SCHNELL WIE DAS LICHT *sein werden!*

WEIT ENTFERNT IM RAUM, WEIT ZURÜCK IN DER ZEIT

Wenn das Sonnenlicht die Erde in gerade einmal acht Minuten erreicht, bedeutet das, dass die Sonne am Himmel älter ist als das Licht, das wir von ihr sehen! Würde sie ausbrennen, würden wir das erst acht Minuten später merken.

Ist ein Stern weiter von uns entfernt als die Sonne, braucht sein Licht entsprechend länger, um bis zur Erde zu gelangen. Wir sehen dann ein altes Bild von diesem Stern (der in der Zwischenzeit schon lange verglüht sein kann!).

Daraus ergibt sich eine wichtige Schlussfolgerung: Wenn wir weit ins Universum hineinblicken, heißt das, dass wir in die Vergangenheit schauen.

Die Maße des Himmels

Die Entfernungen im Universum sind unglaublich riesig: Würden wir sie in Kilometern messen, so wie wir es auf der Erde machen, müssten wir lange Zahlen mit sehr vielen Nullen aufschreiben. Damit es einfacher wird, nutzen wir als Maßeinheit das Lichtjahr. Das ist die Entfernung, die das Licht in einem Jahr zurücklegt. Sie entspricht ungefähr 9.500 Milliarden Kilometern.

Ein Lichtjahr gliedern wir dann in Untereinheiten, genauso wie einen Kilometer in Meter und Zentimeter. Und so sagen wir, dass die Sonne ungefähr acht Lichtminuten von der Erde entfernt ist.

DAS SICHTBARE UNIVERSUM UND DIE ENTFERNUNGEN ZUM PLANETEN ERDE

SO GROß IST DAS UNIVERSUM

Unser Universum ist ungefähr 13,8 Milliarden Jahre alt. Die weiteste Entfernung, die ein Lichtstrahl zurückgelegt haben kann, sind folglich 13,8 Milliarden Lichtjahre. Eine weiter entfernte Lichtquelle können wir nicht beobachten, denn ihr Licht hätte nicht genug Zeit gehabt, um bis zu uns zu gelangen.

Weil sich das Universum im Laufe seiner Geschichte aber immer weiter ausgedehnt hat, wurden die Entfernungen während der Reise des Lichtes immer länger: Alles, was wir um uns herum heute beobachten können, befindet sich in einer Kugel mit einem Radius von 47 Milliarden Lichtjahren, deren Zentrum die Erde ist! Das ist unser beobachtbares Universum. Unseres? Ja! Jeder Punkt im All liegt in seiner eigenen Kugel mit sichtbaren Objekten um sich herum.

Aber Achtung! Du darfst das von uns beobachtbare Universum nicht mit dem gesamten Universum gleichsetzen: Außerhalb des beobachtbaren Universums liegt das übrige Universum, in dem es keine Mitte und keinen Rand gibt!

Alles über DAS ENTFERNTESTE LICHT*, das wir beobachten können, findest du auf Seite 30.*

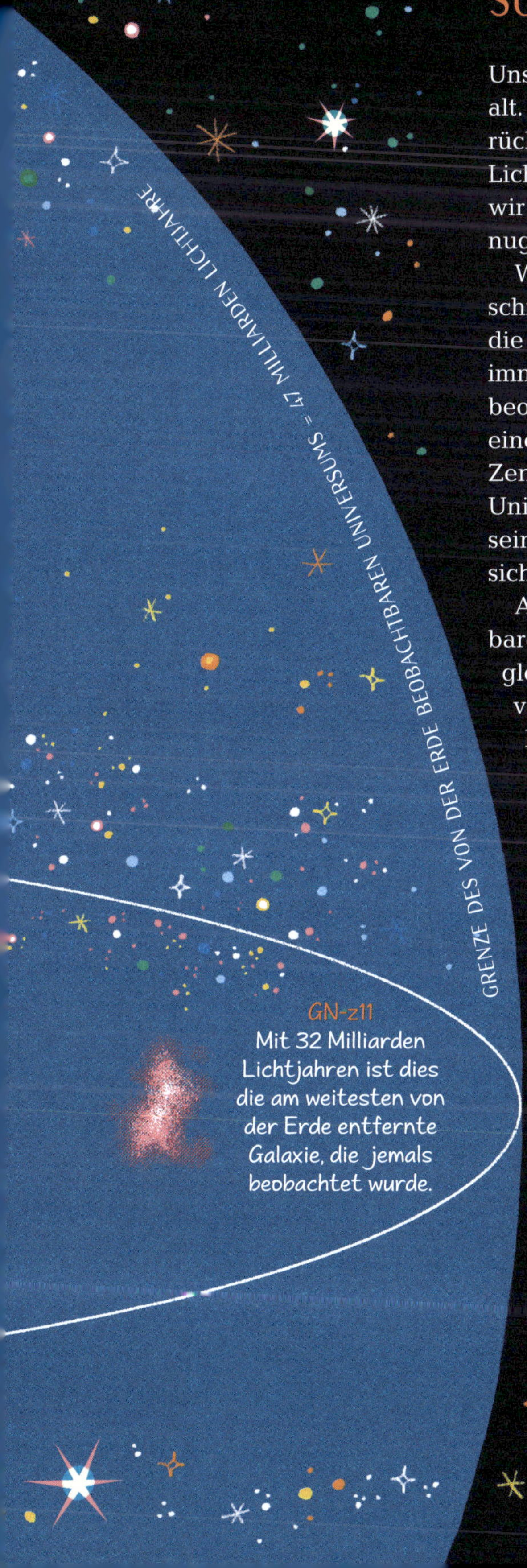

Reisen wir weiter, erreichen wir nach 47 Milliarden Lichtjahren die Grenze, hinter der das Universum von der Erde aus nicht mehr zu sehen ist.

Hinter dieser Grenze geht das Universum jedoch weiter, mit unzähligen Galaxien, Sternenhaufen und Gaswolken: lauter Himmelskörper, die wir nicht beobachten können, weil ihr Licht noch nicht genug Zeit hatte, um bis zu uns zu gelangen.

Das Licht der Vergangenheit

Da das Licht der Sonne etwa acht Minuten zu uns braucht, sehen wir also die Sonne, wie sie vor acht Minuten war. Würde jemand von einem anderen Ort im Universum unseren Planeten betrachten, wäre das mit der Zeitverschiebung genauso.

Angenommen also, Außerirdische fänden irgendwann heraus, dass es auf einem weit entfernten Pünktchen – der Erde – Leben gibt, dann würden sie ein altes Bild von uns sehen. Es wäre umso älter, je weiter die Aliens entfernt sind.

Sollte in diesem Moment jemand in der Andromedagalaxie, der Zwillingsgalaxie der Milchstraße, die zweieinhalb Millionen Lichtjahre entfernt ist, leben, würde er bei der Beobachtung der Erde den Anbruch der prähistorischen Zeit erleben, in der Homo habilis zum ersten Mal versucht, einen Stein zu benutzen.

Würden andere Aliens uns vom Stern YV Canis Majoris – in etwa 4.000 Lichtjahren Entfernung – beobachten, so würden sie den Aufstieg des babylonischen Reiches erleben und könnten bereits die ägyptischen Pyramiden sehen, wenn sie genau hinschauten. Wären sie in der Nähe des Sterns Deneb, würden sie Pythagoras als Kind kennenlernen. Kreisten sie um den Stern Albireo, könnten sie den Beginn der Verlegung des Marmorfußbodens im Mailänder Dom beobachten. Vom Stern Mirach könnten sie dem Klavierdebüt von Frédéric Chopin lauschen.

Die Aliens in der Nähe von Gliese 625 würden den Beginn des 21. Jahrhunderts mit uns feiern! Und im Umkreis von Sirius A, einem der Nachbarsterne der Erde, würden sie vielleicht schon dabei zusehen, wie du vor acht Jahren gekrabbelt oder mit einem Laufrad gefahren bist!

➲ *Gibt es noch irgendwo* LEBEN *im Weltall? Finde es in Kapitel 8 heraus.*

! *In der Galaxie CL 0303+1706A kommt erst jetzt das* LICHT DER ERDE *an, das ungefähr fünf Milliarden Jahre alt ist. Würden deren Bewohner es in diesem Moment beobachten, könnten sie die Entstehung unseres Sonnensystems erleben.*

8 Lichtjahre
Sirius A
Deine ersten Schritte
21 Lichtjahre
Gliese 625
Happy 2000!
200 Lichtjahre
Mirach
Klavierdebüt von Chopin
433 Lichtjahre
Albireo
Beginn der Verlegung des Marmorfußbodens im Mailänder Dom
2.600 Lichtjahre
Deneb
Pythagoras als Kind
4.000 Lichtjahre
VY Canis Majoris
Babylonien und Ägypten
2,5 Millionen Lichtjahre
Andromedagalaxis
Homo habilis

DIE FARBEN DES UNIVERSUMS

Licht besteht aus Wellen. Unsere Augen können bestimmte Wellenlängen wahrnehmen, die wir als verschiedene Farben sehen. Die längsten Wellen entsprechen Rot, die kürzesten Blau und Violett. Dazwischen liegen alle Farben des Regenbogens.

❗ *Rot, Orange, Gelb, Grün, Hellblau, Dunkelblau und Violett sind nur ein kleiner Teil aller Wellenlängen in der Natur. Dazu mehr auf den nächsten Seiten.*

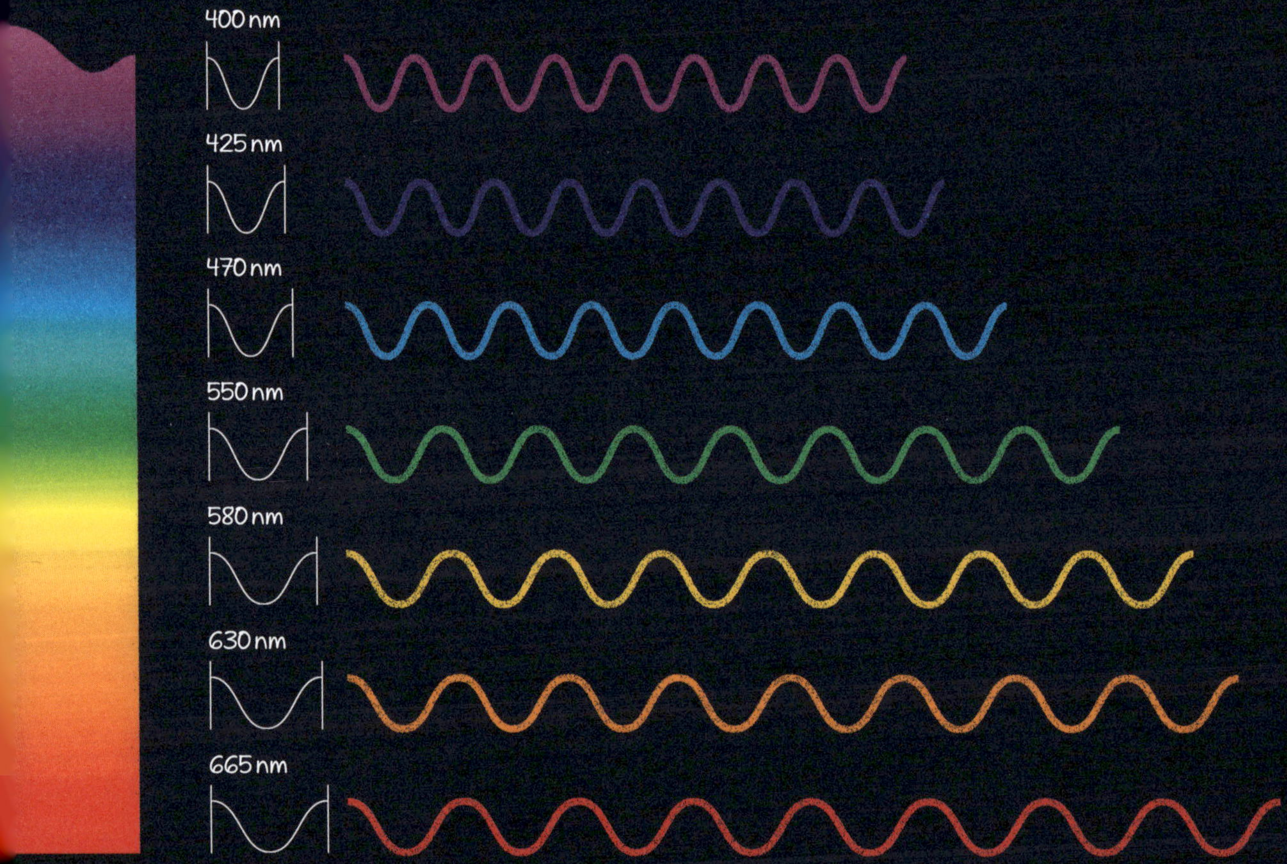

Die Wellenlänge des sichtbaren Lichtes ist sehr klein: Sie entspricht ungefähr der Größe eines Bakteriums und ist 100-mal kleiner als der Durchmesser eines Haars! Um solch kleine Längen zu messen, nutzen wir die Einheit Nanometer (nm), die einem milliardstel Meter, also 0,000000001 Metern entspricht.

Ausgesandtes und reflektiertes Licht

Sterne sind selbst leuchtende Lichtquellen, genau wie Lampen und Kerzen. Sie strahlen wegen der Kernfusionen – dabei verschmelzen im Innern eines Sterns bei sehr hohen Temperaturen Atomkerne miteinander.

Die Planeten hingegen senden kein eigenes Licht aus, sondern reflektieren einen Teil des Lichts, mit dem sie angestrahlt werden und das von den Sternen stammt, um die sie kreisen.

Wenn du mehr über die KERNFUSIONEN *wissen willst, blättere auf Seite 92.*

Der Mond als Spiegel

Am Himmel sehen wir täglich ein Beispiel für auf diese Weise ausgesandtes Licht, nämlich das von unserem Stern, der Sonne. In der Nacht beobachten wir reflektiertes Licht, nämlich das des Mondes. Er sendet kein eigenes Licht aus, sondern reflektiert die Sonnenstrahlen. Durch dieses Licht, das den Mond erhellt und das bis zu uns reflektiert wird, können wir in der Nacht seine helle Oberfläche und seine Krater bewundern. Überleg mal, wie stark dieses Licht sein muss, wenn du dich in einer Vollmondnacht ohne Taschenlampe draußen umsehen kannst!

! MONDTÄUSCHUNG

Hast du schon mal bemerkt, dass der Mond im Laufe einer Nacht unterschiedlich groß wirkt? Wenn er über dem Horizont aufgeht, erscheint er viel größer, als wenn er hoch am Himmel steht. Dabei ist der Mond immer gleich weit von der Erde entfernt und auch immer gleich groß. Die Erklärung für diesen vermeintlichen Unterschied liegt in unserem Gehirn: Wenn der Mond hoch oben steht, nehmen wir ihn am dunklen Himmel als klein wahr; wenn er jedoch nah am Horizont steht, vergleichen wir ihn automatisch mit Bäumen, Häusern oder Bergen, und daher kommt er uns viel größer vor.

! DER SUPERMOND

Befindet sich der Vollmond auf seiner Umlaufbahn am dichtesten an der Erde (in Erdnähe, Perigäum), wächst seine scheinbare Größe: Das ist der SUPERMOND-EFFEKT.

Sieh mal, ein Regenbogen!

Die Sonne ist nicht gelb, wie sie uns erscheint und wie wir sie auf Bildern gern malen, sondern ihr ausgestrahltes Licht enthält alle Wellenlängen von Rot bis Violett. All diese Farben ergeben zusammen Weiß, und genau so sehen wir unseren Stern jenseits der Atmosphäre, wenn wir ihn vom Mond oder von der Internationalen Raumstation aus betrachten.

Das weiße Licht kann in verschiedene Farben zerlegt werden, aber dafür muss es durch ein Medium fallen, das das Licht bricht. Auf der Erde passiert das, wenn es regnet. Dann brechen die Regentropfen in der Luft das Sonnenlicht … und es entsteht ein Regenbogen!

Ein schöner blauer Himmel

Wenn das Licht durch die Erdatmosphäre dringt, werden die bläulichen Sonnenstrahlen nicht direkt in unsere Augen geleitet, sondern von den Partikeln in der Atmosphäre gestört und in alle Richtungen gestreut. Die Strahlen, die wir also sehen, kommen aus allen Himmelsrichtungen: Und daher scheint der Himmel, ganz gleich, in welche Richtung wir auch schauen, blau zu leuchten.

So etwas passiert auf dem Mond nicht, und der Himmel, den die Mondastronauten dort gesehen haben, war schwarz. Weißt du, warum? Weil der Mond nicht von einer Atmosphäre umgeben ist.

Sonnenaufgang und Sonnenuntergang

Auch die Farbe des Himmels bei Sonnenaufgang und Sonnenuntergang ist eine Folge der Lichtbrechung, die passiert, wenn das Sonnenlicht die Atmosphäre durchdringt. Auf dem Mond könnten wir keines dieser atemberaubenden Phänomene erleben!

Mars, der rote Planet

Je nachdem, aus welchem Material die Oberfläche eines Objektes besteht, verschluckt (absorbiert) sie das Licht und wirft es in verschiedenen Farben zurück (reflektiert es). Die Schale eines grünen Apfels beispielsweise nimmt alle Farbstrahlen auf, außer den grünen: Die reflektiert sie. Aus dem gleichen Grund erscheint uns Mars, wenn wir ihn durch ein Teleskop (ein ganz einfaches reicht schon) beobachten, in einem strahlenden Rotorange: Das Eisenoxid auf seiner Oberfläche reflektiert die rostfarbenen Sonnenstrahlen. Wegen dieser Besonderheit hat der Mars den Spitznamen »der rote Planet« bekommen.

Wie die Geschichten über die Marsmenschen entstanden sind, erfährst du auf Seite 161.

Die Atmosphäre ist für die Erde so eine Art Schutzschild, der uns gegen Meteoroiden und schädliche Strahlung aus dem All abschirmt. Hast du schon mal etwas vom Ozonloch gehört? Eine der Schichten unserer Atmosphäre besteht aus Ozon, einem Molekül, das sich aus drei Sauerstoff-Atomen zusammensetzt. Das Leben auf der Erde ist nur möglich, weil diese Ozonschicht den gefährlichen Teil des Sonnenlichts nicht durchlässt. Da die Menschen aber lange Zeit schädliche Stoffe in die Luft abgegeben haben, ist die Ozonschicht in den vergangenen Jahrzehnten viel dünner geworden. Über der Antarktis am Südpol ist sogar ein Loch entstanden. Wir müssen uns also nicht nur um die Erde kümmern, sondern auch um ihre Atmosphäre: Ohne sie können wir nicht leben!

Selbermachen

NEWTONS FARBSCHEIBE

Meine Schwester will mir mit einem Experiment zeigen, wie aus sieben Regenbogenfarben weißes Licht entsteht.»Und zwar so«, sagt sie und legt eine glatte weiße Pappe und Stifte in Rot, Orange, Gelb, Grün, Hellblau, Dunkelblau und Violett auf den Tisch. »Wir mischen die Farben des Regenbogens!«

Dafür malen wir zuerst das Bild von dieser Seite ab und versuchen, die Größen der bunten Tortenstücke genau beizubehalten. Dann schneiden wir unsere Kreise aus und stechen mit einem spitzen Bleistift ein Loch in die Mitte. Wir schieben den Bleistift bist zur Hälfte durch die Pappe.

»Wenn du jetzt Newtons Farbscheibe ganz schnell wie einen Kreisel drehst, sieht es so aus, als vermischten sich die Farben miteinander«, erklärt meine Schwester, während sie geschickt ihre Scheibe zwischen den Händen bewegt. »Was siehst du?«

»Ich sehe ... Weiß!"

»Experiment gelungen.«

Selbermachen

ROT, GRÜN, BLAU, SO WIRST DU FARBEN-SCHLAU!

Vor dem Schlafengehen reden wir noch mal über Newtons Farbscheibe und spielen weiter mit dem Licht. Wir setzen uns aufs Bett. Meine Schwester hat drei Taschenlampen mitgebracht und drei transparente Plastikfolien in Rot, Grün und Blau. Jede Taschenlampe bekleben wir vorn mit einer Folie.

»Jetzt mach das Licht aus«, sagt sie. Dann knipst sie die Taschenlampen an.

Auf der Zimmerwand gegenüber sehen wir drei Lichtkreise. Zuerst legen wir sie vollständig übereinander, dann nur in Teilen.

Alle drei Farben zusammen ergeben Weiß, während immer nur zwei Farben entweder Gelb, Cyan oder Magenta bilden.

»Wenn wir die Farben Rot, Grün und Blau in verschiedenen Verhältnissen mischen, können wir unzählige Farbtöne erzeugen«, erklärt meine Schwester. »Die Farben von Digitalfotos werden durch das Mischen dieser drei Farben erreicht und so ist es auch bei den Filmen, dir wir im Fernsehen sehen.«

WELCHE FARBEN HABEN DIE STERNE?

Auf den ersten Blick sieht das Licht der Sterne für uns weiß aus. In Wirklichkeit sind die Sterne aber bunt. Wenn du sie mit einem Fernglas aufmerksam beobachtest, kannst du die Farbtöne erkennen. Manche erscheinen uns weißer, etwa Sirius A, andere sehen fast blau aus wie Wega. Wieder andere wirken gelb wie Capella, orange wie der Stern Arktur oder rot wie Beteigeuze, Aldebaran und Antares. Würden wir sie durch ein starkes Teleskop beobachten, könnten wir diese Unterschiede noch besser erkennen.

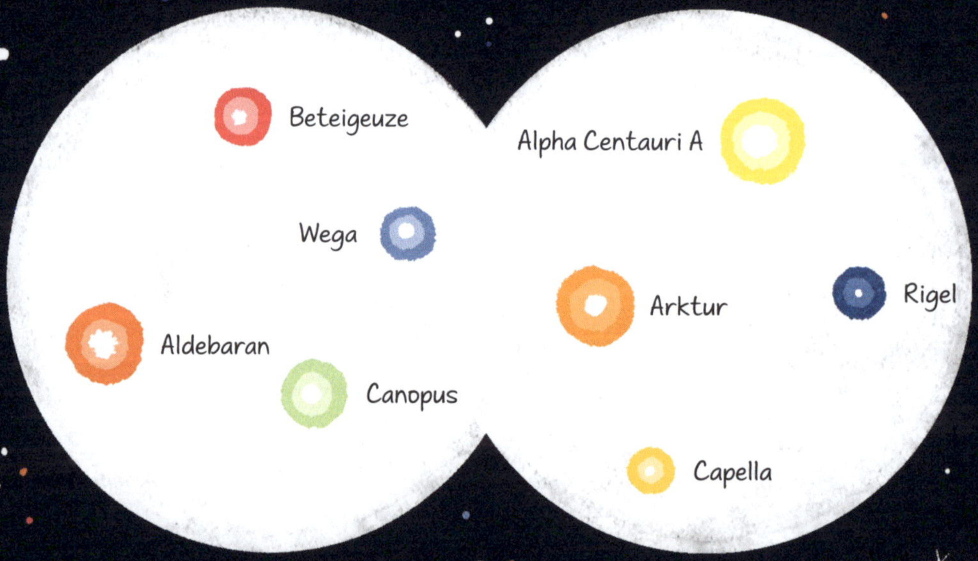

Warum sind die STERNE bunt? Lies auf Seite 80 weiter.

AUF DER JAGD NACH BUNTEN STERNEN

An einem klaren, mondlosen Nachthimmel entdecken wir farbige Sterne ganz einfach mit einem Fernglas. Eine Sternkarte des jeweiligen Monats zeigt uns, in welche Himmelsrichtung wir schauen müssen. Wir nehmen einen Kompass mit oder benutzen das Smartphone, damit wir uns orientieren können. Dann erkunden wir den Himmel.

Zuerst suchen wir den roten Beteigeuze und den blauen Rigel. Beide befinden sich im Sternbild Orion, das am Winterhimmel von November bis Mai sogar in der Stadt gut zu erkennen ist. Wenn wir abends nach Osten blicken, können wir Orion aufgehen sehen. In seiner Nähe finden wir dann Sirius A, den hellsten weißen Stern am ganzen Himmel, der von fast jedem Ort der Erde aus zu sehen ist.

DONNA THEO STRICKLAND UND DIE LASER-REVOLUTION

Donna Theo Strickland war zehn Jahre alt, als sie 1969 im Ontario Science Centre in Toronto (Kanada) zum ersten Mal einen Laser sah. Damals rief ihr Vater: »Donna, das ist die Zukunft!« Und da verliebte sie sich unsterblich in den Laser. Seit diesem Moment wollte sie Laser-Physik studieren.

Dank ihrer großen Leidenschaft erfand sie mit 26 Jahren zusammen mit Professor Gérard Mourou eine spezielle Verstärkertechnik und entwickelte damit sehr starke ultrakurze Laserimpulse, die es zuvor nicht gegeben hatte. Damit revolutionierte sie die Welt der Physik und auch die der Technologie und der Medizin: Die ultradünnen Bildschirme der Smartphones und die Laser, mit denen beispielsweise die Sehschärfen von Augen korrigierte werden, beruhen auf ihrer Arbeit.

Im Oktober 2018 wurde Donna Strickland dafür mit dem Physik-Nobelpreis ausgezeichnet. Sie war erstaunt, als sie feststellte, dass sie erst die dritte Frau in fast 120 Jahren war, die diesen wichtigen Preis bekommen hat.

»Wenn jemand etwas sagt, das du nicht glaubst, geh erst mal davon aus, dass die anderen falschliegen und du recht hast, und mach weiter«, sagte sie einer jungen Wissenschaftlerin nach der Verleihung. »So mache ich das eigentlich immer.«

Ein Laser ist ein LICHTBÜNDEL mit nur einer Wellenlänge, die seine Farbe bestimmt. Ein grüner Laserstrahl beispielsweise wird aus einem Strahlenbündel mit einer Wellenlänge von 0,00000053 Metern gebildet.

MIT SPEZIALAUGEN

Unsere Augen können nur das Licht wahrnehmen, dessen Wellenlänge von Rot bis Violett reicht. Aber es gibt auch anderes Licht: Das Infrarotlicht wärmt uns, sobald wir in der Sonne stehen; vor dem ultravioletten Licht, dem UV-Licht, müssen wir unsere Haut mit Sonnencreme schützen. Diese Wellenlängen können Menschen nicht sehen, einige Tiere allerdings schon.

Rentiere beispielsweise sehen UV-Licht. Dadurch können sie in der weißen Schneelandschaft und der langen Dunkelheit in ihrem Lebensraum die Flechten, von denen sie sich ernähren, besser finden oder schneller ihre Feinde, die Wölfe, erkennen.

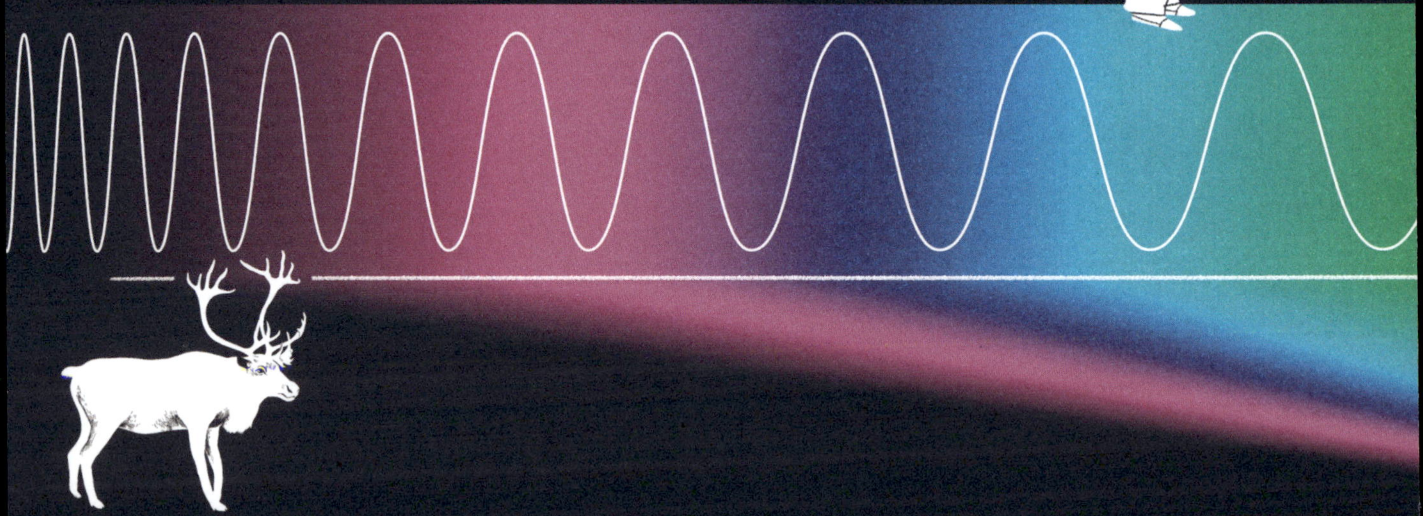

Die Augen von einigen Schlangenarten sind darauf spezialisiert, im Infrarotbereich zu sehen. Die Körper der kleinen warmblütigen Tiere, von denen sich die Schlangen ernähren, geben Infrarotstrahlen ab – genau wie unsere Körper. Diese Strahlen können viele Materialien durchdringen, die für das sichtbare Licht ein Hindernis darstellen. Wenn wir uns beispielsweise hinter einer Plastikplane verstecken, durchdringt unsere Infrarotstrahlung, also die Wärme unseres Körpers, die Plane und eine Schlange könnte uns sehen!

Viele weitere Tierarten haben ähnliche Fähigkeiten entwickelt und sind dadurch im Vorteil. Fische etwa sind empfindlicher für blaues und ultraviolettes Licht als für rote Lichtstrahlen. Das liegt daran, dass das Meer die kurzen blauen Wellen durchlässt, während es die langen roten Wellen verschluckt.

Das sichtbare Licht
ist nicht das einzige,
auf Wellenlängen kommt es an,
auf Temperaturen und Blickweisen.
Glaubst du an die Natur?
Die Schlange sieht, was du nicht siehst.

❗ *Die Gesamtheit aller möglichen Wellenlängen in der Natur nennen wir* ELEKTROMAGNETISCHES SPEKTRUM. *Von der kleinsten Wellenlänge bis zu den größten sind das: die Gammastrahlen, die Röntgenstrahlen, das UV-Licht, das sichtbare Licht, die Infrarotstrahlung, die Mikrowellen und die Radiowellen.*

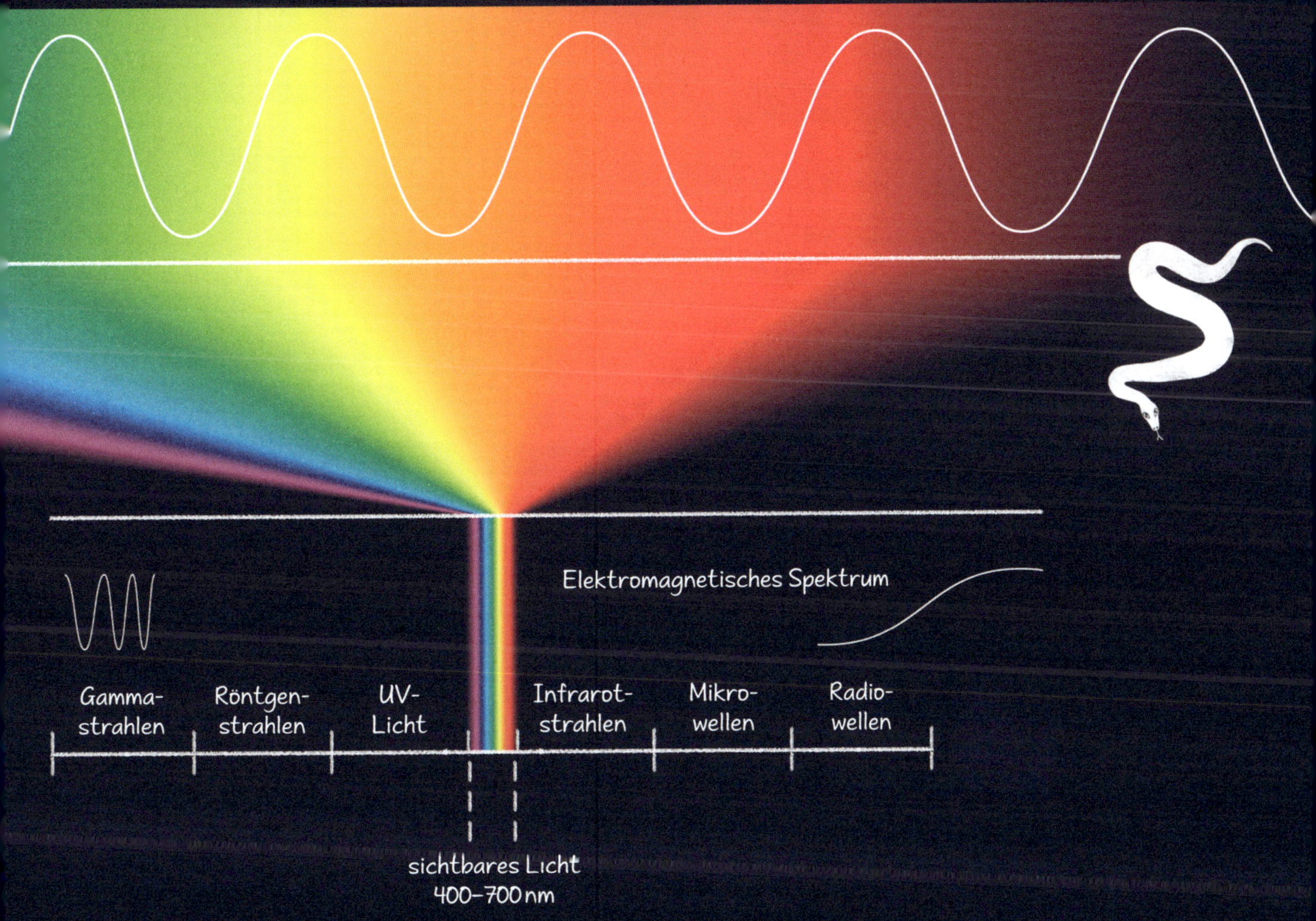

VIELE AUGEN BEOBACHTEN DAS UNIVERSUM

»Jede Art von Lichtstrahlung ist für die Erforschung des Universums wichtig und liefert uns andere Informationen«, erklärt mir meine Schwester. »Wenn ich mit einem Fotoapparat ein Bild mache, sehe ich darauf dein Äußeres und deine Kleidung. Wenn ich eine Infrarotkamera benutze, erkenne ich stattdessen die Wärme, die dein Körper ausstrahlt. Röntgenstrahlen durchdringen deine Haut und machen sogar dein Skelett sichtbar! Wenn wir eine Galaxie fotografieren, sehen wir, welches Licht ihre Sterne aussenden. Durch eine Infrarotkamera erkennen wir

Gammastrahlen
Sie helfen bei der Suche nach Dunkler Materie. Sie haben die kürzeste Wellenlänge: Zwischen zwei Kämme dieser Wellen würde nicht einmal ein Atom passen!

Röntgenstrahlen
Bei einer etwas größeren Wellenlänge entstehen Röntgenstrahlen. Mit ihnen können wir Schwarze Löcher erforschen.

UV-Strahlung
Zwischen zwei Kämme dieser Wellen würden etwa 1.000 Wassermoleküle nebeneinander passen. Mit dieser Strahlung erforschen wir die Zusammensetzung von Galaxien.

die Sterne, die in Staubwolken verborgen sind. Röntgenstrahlen zeigen uns die schwarzen Löcher in einer Galaxie!

Um alle Lichtarten einzufangen, die aus dem All zu uns gelangen, haben wir unterschiedliche Teleskope für die jeweiligen Wellenlängen konstruiert. Je mehr Augen und Instrumente wir haben, desto mehr Dinge entdecken wir in unserem Universum.«

Mehr über SCHWARZE LÖCHER *erfährst du in Kapitel 6.*

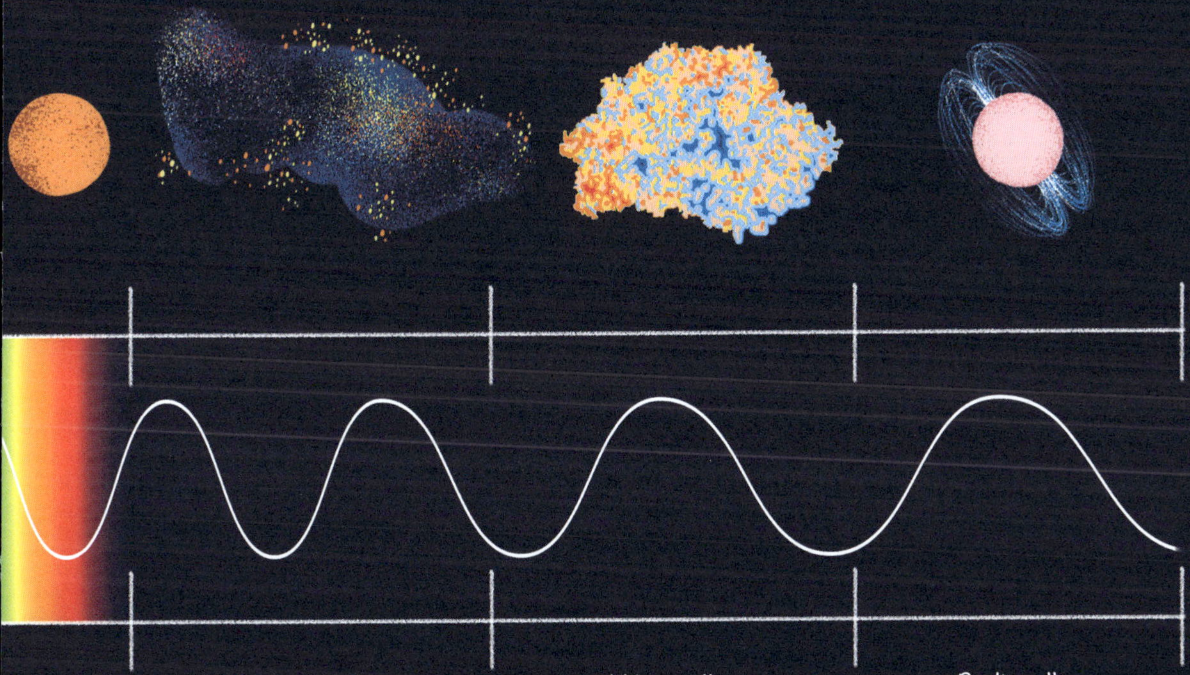

Infrarotstrahlung
Die Wellenlänge beträgt ungefähr 1 Millimeter. Sie kann Staub durchdringen und hilft uns dabei, jene Bereiche in den Galaxien zu erforschen, in denen die Sterne entstehen.

Mikrowellen
Zwischen zwei Wellenkämme würde dein Finger passen! Mit Hilfe dieser Strahlung haben wir unzählige Entdeckungen über das ganz frühe Universum gemacht, zum Beispiel die kosmische Hintergrundstrahlung!

Radiowellen
Das ist die Strahlung mit der größten Wellenlänge: Die Abstände zwischen den Wellen können so groß sein wie du, wie ein Baum oder wie der Mount Everest! Mit diesen Wellen können wir Pulsare erforschen, also Sterne, die sich schnell um sich selbst drehen.

WARUM IST DER HIMMEL IN DER NACHT DUNKEL?

Wenn es im Universum unendlich viele leuchtende Sterne gibt, warum ist der Nachthimmel dann dunkel und nicht strahlend hell? Diese Frage hat sich schon Johannes Kepler im Jahr 1610 gestellt, aber die Antwort kennen wir erst, seitdem wir entdeckt haben, dass das Universum sich ausdehnt.

Entfernt sich wegen dieser Ausdehnung eine Galaxie von uns, dann wird das Licht ihrer Sterne röter. Dieses Phänomen heißt Rotverschiebung. Sie wird dadurch verursacht, dass die Ausdehnungen die Lichtwellen auseinanderzieht. Und wie wir ja mittlerweile wissen, erscheint eine lange Welle rot.

Je weiter die Galaxien sich entfernen, umso länger werden die Lichtwellen und umso größer ist die Rotverschiebung. So verlässt das Licht vieler Sterne den sichtbaren Bereich und gelangt in den Infrarotbereich, den unsere Augen nicht mehr wahrnehmen. Diese Sterne können wir nur mit speziellen Infrarot-Teleskopen aufspüren. Aus diesem Grund sehen wir nachts nur einen Teil der Sterne, die im Universum leuchten. Und deshalb erscheint der Nachthimmel zwischen den Sternen dunkel. Könnten wir alle Sterne sehen, strahlte der Nachthimmel sehr viel heller als die Sonne am Tag.

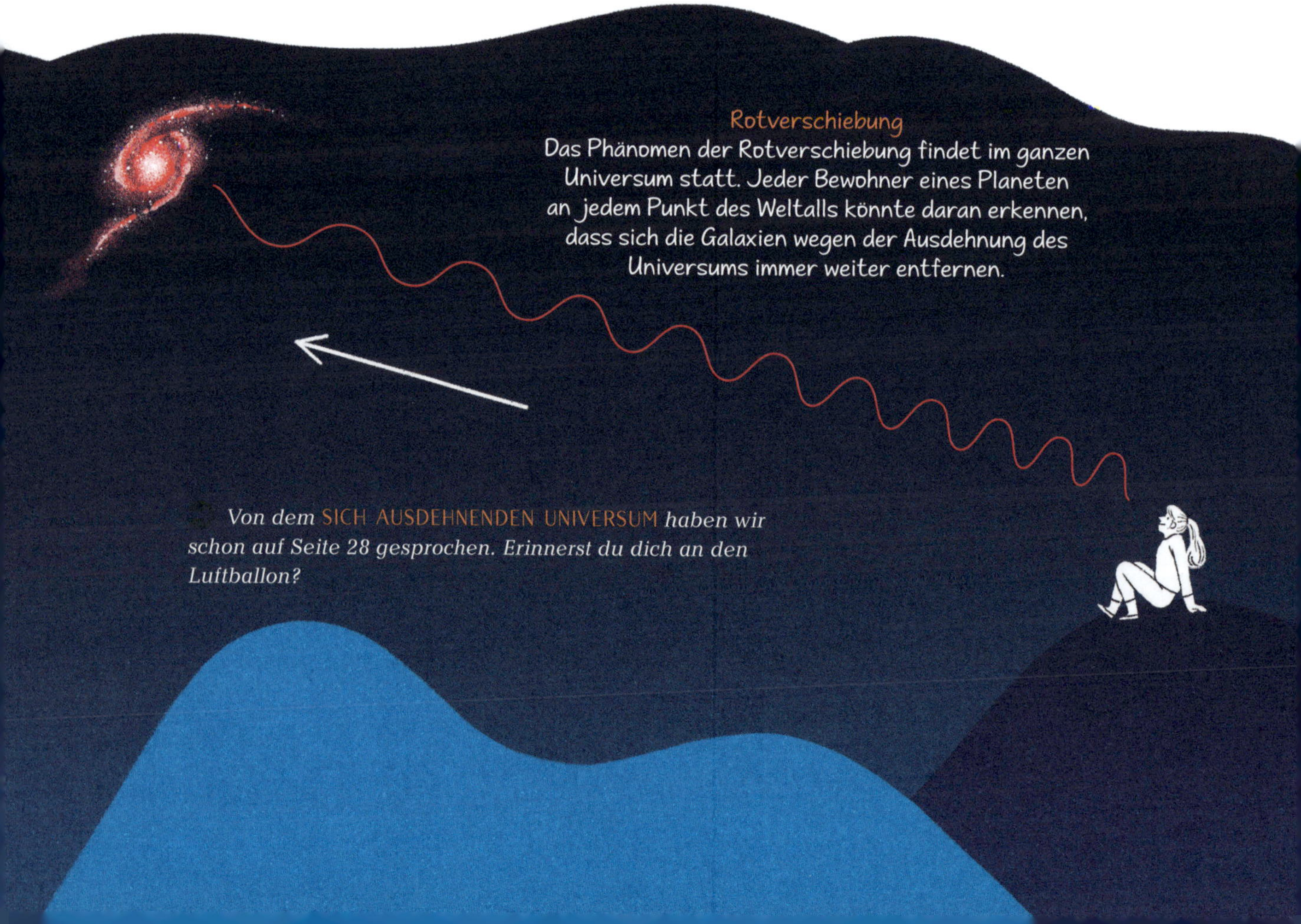

Rotverschiebung
Das Phänomen der Rotverschiebung findet im ganzen Universum statt. Jeder Bewohner eines Planeten an jedem Punkt des Weltalls könnte daran erkennen, dass sich die Galaxien wegen der Ausdehnung des Universums immer weiter entfernen.

Von dem SICH AUSDEHNENDEN UNIVERSUM *haben wir schon auf Seite 28 gesprochen. Erinnerst du dich an den Luftballon?*

Wellen in Bewegung

Wenn ein Stern sich von uns wegbewegt, werden seine Lichtwellen also immer länger, und daher erscheint der Stern uns immer röter (Rotverschiebung). Es gibt jedoch auch das umgekehrte Phänomen: Nähert sich uns ein Stern, werden seine Lichtwellen immer kürzer und für uns blauer (Blauverschiebung).

Dieses Phänomen trägt auch den Namen Doppler-Effekt. Mit ihm können wir die Geschwindigkeit der Sterne berechnen. Der Doppler-Effekt betrifft alle Arten von Wellen, auch die Schallwellen. Im Alltag erleben wir das, wenn ein Rettungswagen an uns vorbeifährt. Die Sirene klingt höher, wenn der Rettungswagen sich nähert, und tiefer, wenn er sich wieder entfernt. Die so genannte Tonhöhe hängt nämlich von der Länge der Schallwellen ab, so wie die Farbe des Lichts von seiner Wellenlänge.

DER REKORD DER ROTVERSCHIEBUNG

Messen wir die Rotverschiebung einer Galaxie, können wir den Zeitpunkt ermitteln, an dem das Licht, das wir heute sehen, einst ausgesendet wurde. Die entferntesten bekannten Galaxien haben eine Rotverschiebung von 11. Das heißt, dass ihr heute sichtbares Licht losgeschickt wurde, als das Universum gerade einmal 400 Millionen Jahre alt war und erst drei Prozent seiner heutigen Größe hatte.

EIN ZUSATZAUGE: DAS TELESKOP

Den Nachthimmel ohne Hilfsmittel zu betrachten ist sehr aufregend, aber ein Teleskop (das Wort stammt vom griechischen »teleskopos« und bedeutet »der, der in die Ferne schaut«) hat zwei große Vorteile. Erstens vergrößern Teleskope die Dinge, sodass wir weit entfernte Sterne und Galaxien bewundern können, die wir mit bloßem Auge niemals sehen würden. Zweitens können wir mit ihnen Fotos machen. Diese Aufnahmen untersuchen wir dann in Ruhe und gewinnen aus ihnen neue Erkenntnisse.

Ich erforsche das Licht,
und sehe nach draußen.

Nun hab ich verstanden, warum der Himmel blau ist,
dass die Sterne bunt sind,
die Sonne aber nicht gelb ist.

Und nun will ich
noch mehr wissen!

Vergleichen wir das menschliche Auge mit einem besonderen Teleskop, einem Linsenfernrohr, merken wir, wie viel beide gemeinsam haben: Unsere Netzhaut mit Zapfen und Stäbchen bildet die Rückwand im Augapfel und funktioniert genauso wie die elektronischen Sensoren im Teleskop, die das Licht mit Fotorezeptoren einfangen!

! *Galileo Galilei war der erste Wissenschaftler, der die Sterne mit einem TELESKOP beobachtete. Doch sein Fernrohr war sogar viel schwächer als die, die heute Amateure zur Sternenbeobachtung benutzen. Galileo hat das Teleskop zwar nicht erfunden, aber er hatte eine revolutionäre Idee: Er schaute als Erster damit in den Himmel!*

TELESKOPE FÜR ALLE WELLENLÄNGEN

Unsere Erdatmosphäre verschluckt fast die gesamte Strahlung, die aus dem All auf die Erde trifft, und lässt nur das sichtbare Licht und die Radiowellen hindurch. Von der Erde aus können wir das Universum daher nur mit optischen Teleskopen und den großen Antennen der Radioteleskope beobachten. Das größte ist das FAST mit einem Durchmesser von 500 Metern. Es wurde von 2011 bis 2016 in den chinesischen Bergen errichtet.

Weit voneinander entfernte Radioteleskope können jedoch miteinander verbunden werden, was für die Forschung von großem Nutzen ist. Ein weltweites Netz aus Radioantennen, genannt Global mm-VLBI, ermöglicht uns beispielsweise, den Himmel so zu beobachten, als würden wir ein Teleskop von der Größe der gesamten Erde verwenden. Solch ein Instrument hat uns das erste Foto eines Schwarzen Lochs geliefert (mehr dazu auf Seite 136). Zusammen sind wir also stark!

Um das Universum jedoch in seiner Gesamtheit zu sehen – also auch bei den Wellenlängen, die die Atmosphäre nicht durchlässt –, müssen wir Teleskope ins Weltall schießen. Für die Strahlung dort brauchen wir für jeden Wellenlängenbereich ein spezielles Teleskop.

Infrarot-Teleskope sind ähnlich aufgebaut wie die optischen, aber damit sie die Strahlung von warmen Körpern einfangen können, müssen sie während ihrer Zeit im All mit Stickstoff und flüssigem Helium gekühlt werden. Aus diesem Grund steht von Anfang an fest, wie lange sie funktionieren: Wenn die Kühlflüssigkeit aufgebraucht ist, erwärmen sich diese Teleskope und werden »blind«. Dieses »Schicksal« ereilte auch das Raumteleskop Herschel, das im All beobachtete, wie sich in den Galaxien Sterne bilden. Als 2013, nach vier Jahren unermüdlicher Arbeit, die 2.300 Liter flüssiges Helium für seine Kühlung aufgebraucht waren, ist es erblindet.

Fermi
Das Weltraumteleskop reagiert auf Gammastrahlen.

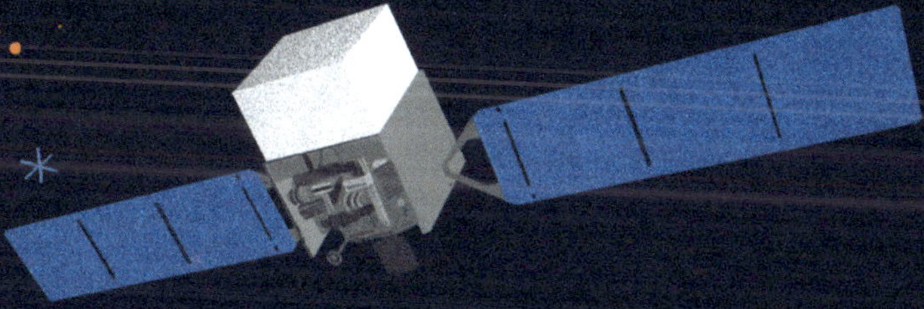

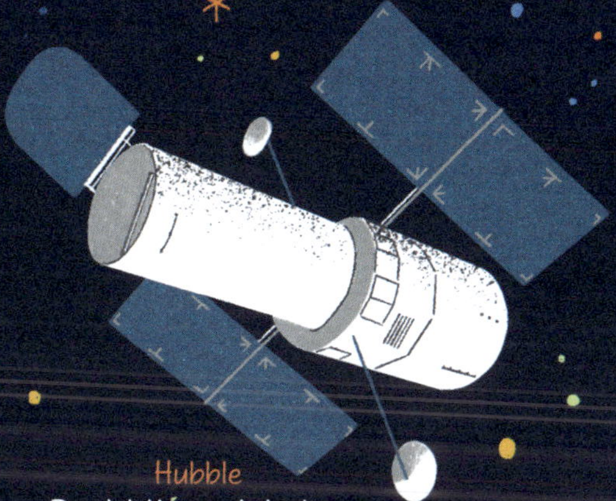

Hubble
Das Weltraumteleskop erkennt UV-Strahlung.

Herschel
Das Infrarot-Weltraumteleskop funktioniert seit 2013 nicht mehr.

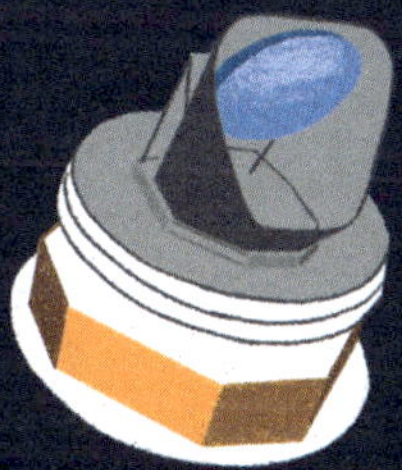

Planck
Das Weltraumteleskop fing von 2009 bis 2013 Mikrowellen ein.

Chandra
Das Weltraumteleskop erkennt Röntgenstrahlen.

Very Large Teleskop
Das VLT ist das empfindlichste Teleskop für sichtbares Licht, das es momentan gibt. Es steht auf der Hochebene Cerro Paranal in der Atacama-Wüste in Chile.

Atacama Large Millimeter Array
ALMA ist das stärkste Observatorium für Lichtwellen im Millimeterbereich. Es steht auf dem Cerro Chajnantor in der Atacama-Wüste in Chile.

Unser Auge im All

Das Weltraumteleskop Hubble (Hubble Space Teleskop) befindet sich in circa 547 Kilometern Höhe und kreist mit einer Geschwindigkeit von 27.300 Kilometern pro Stunde um die Erde. Es hat eine Gesamtlänge von etwas mehr als 13 Metern. Da das Teleskop außerhalb unserer Atmosphäre schwebt, können seine Instrumente auch Quellen aufspüren, die nur wenig UV-Strahlung, sichtbares Licht und Infrarotstrahlung aussenden.

Im Laufe von zehn Jahren hat Hubble mehrfach einen winzigen Bereich des Himmels fotografiert – kleiner als ein Zehntel der scheinbaren Dimension des Vollmondes. Und in diesem winzigen Bereich hat Hubble dank langer Belichtungszeit (mehr als 2 Millionen Sekunden, also mehr als 23 Tage) und der Empfindlichkeit seiner Instrumente fast 5.500 Galaxien entdeckt!

Das Teleskop fängt das Licht von jungen Sternen ein, die sich in diesen Galaxien bilden. Zu einigen ist die Entfernung so groß, dass wir ein Bild von der Zeit erhalten, als das Universum erst fünf Prozent seiner heutigen Größe erreicht hatte, also noch nicht einmal 700 Millionen Jahre alt war.

Hubble hat seine Arbeit 1990 aufgenommen. Seitdem hat die Mannschaft der Internationalen Raumstationen fünf Missionen unternommen, um Wartungsarbeiten durchzuführen und Instrumente auszutauschen.

Mehr über die ISS, die INTERNATIONALE RAUMSTATION, *findest du auf Seite 180.*

Im Schlaf träum ich
von den Teleskopen.
Sie gehen spazieren,
mit offenen Augen,
durchqueren im All
die Sonnenwinde.
Ihre Antennen sehen
dem Universum ins Auge,
beobachten Galaxien,
lüften Geheimnisse,
entdecken Sterne hinter dem Staub,
und wie neue Flämmchen sich
auf Sternkarten entzünden.
Sie suchen Geburtsdaten und Schwarze Löcher,
schicken Hinweise, Zahlen, geheime Fotos,
und das Herz hüpft,
als wäre es dort
und erreichte all diese Orte.

Im Innern
rotiert
eine Molekülwolke,
kollabiert,
zerbricht,
zieht Materie an,
verdichtet sich,
und ihre Temperatur
steigt steigt steigt,
so beginnt
die Kernfusion,
wie ein friedliches Herz
mitten im Krieg:

Ein Stern entsteht.

Kapitel 4

SO VIELE STERNE AM HIMMEL!

»Soll das also heißen, dass es die Sterne gar nicht immer gab? Dass sie sich in einer Molekülwolke gebildet haben? Und dass sie Geburtstag haben, so wie ich?«, frage ich meine Schwester.

»In gewisser Weise schon. Jetzt erzähle ich dir, wo und wie ein Stern entsteht. Aber weißt du auch, dass du und ich, und alle anderen Menschen, viel, sehr viel mit den Sternen gemeinsam haben? Vertrau mir, du wirst staunen!«

EIN STERNENTHERMOMETER AUS FARBEN

Sterne, diese hellen Pünktchen am Himmel, die für uns auf den ersten Blick alle gleich aussehen, haben in Wirklichkeit unterschiedliche Farben. Sie hängen von der Temperatur der Oberfläche ab. Bei einer höheren Oberflächentemperatur erscheint der Stern blau, denn den größten Teil seiner Energie gibt er bei bläulichen Wellenlängen ab. Ein weniger heißer Stern sendet seine Energie in den Wellenlängen aus, die wir als Rot sehen.

Die Buchstabenfolge OBAFGKM hilft uns bei der Klassifizierung (der Einteilung) der Sterne von den heißesten zu den kältesten. Um sich die Reihenfolge zu merken hilft dieser Satz: »Offenbar benutzen Astronome furchtbar gerne komische Merksätze«. Oder auf Englisch: »Oh, be a fine girl/guy kiss me.« (»Oh, sei ein liebes Mädchen/lieber Junge, küss mich«.) Die Anfangsbuchstaben der Wörter geben die Thermometer-Einteilung für die Sterne an: die der Klasse O sind blau und heiß, die der Klasse M sind rot und kalt.

Jede dieser Klassen wird zudem noch mit einer Zahl von 0 bis 9 kombiniert, um die Sterne einer Klasse in mehr oder weniger heiß einzuteilen: Je höher die Zahl ist, desto niedriger ist die Temperatur des Sterns. Sirius A beispielsweise gehört zur Klasse A1 und Altair, aus dem Sternbild des Adlers, zur Klasse A7, das heißt, er ist in derselben Klasse wie Sirius A, aber er ist weniger heiß. Diese Einteilung der Sterne ist die so genannte Harvard-Klassifikation.

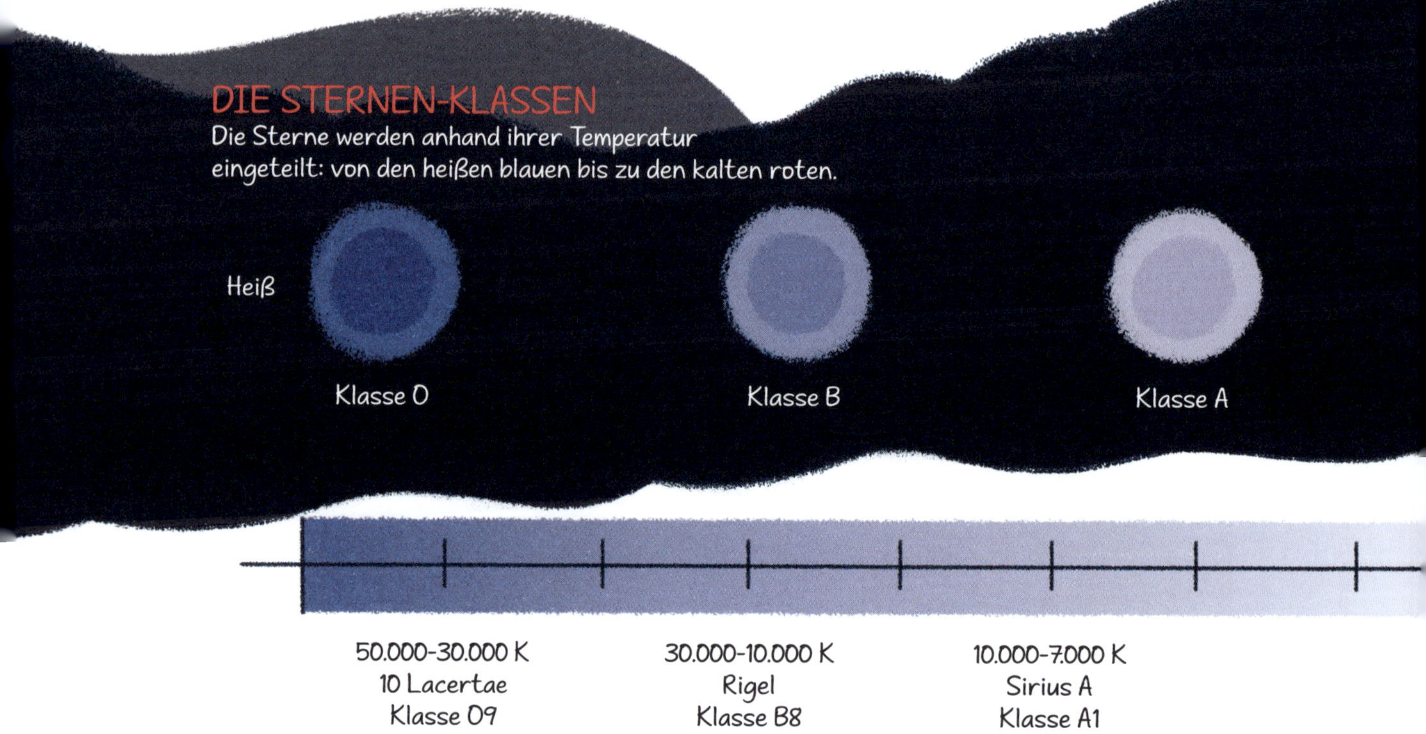

Die Harvard-Klassifikation

Zu Beginn des 20. Jahrhunderts hatte eine Gruppe von Wissenschaftlerinnen des Observatoriums in Harvard ein System entwickelt, mit dem wir die Sterne und ihre Farben besser verstehen können.

Williamina Fleming, Antonia Maury und Annie Jump Cannon untersuchten die Sterne eines Katalogs, den ihr Arbeitgeber, der Direktor des Observatoriums, Edward Charles Pickering, zusammenstellte. Geduldig und genau listeten die Frauen alle Sterne auf und unterteilten sie, indem sie eine Kombination aus Buchstaben und Zahlen für Klassen und Unterklassen einführten. Cecilia Payne-Gaposchkin erkannte als Erste, dass die Farben der Sterne wie ein Thermometer genutzt werden können, denn sie zeigen die Temperatur der Sterne an deren Oberflächen an. Cecilia wies die Buchstabenfolge OBAFGKM den verschiedenen Farben und Temperaturen der Sterne zu. Die Harvard-Klassifikation entstand durch die Arbeit dieser Wissenschaftspionierinnen.

EINE UNVORSTELLBARE HITZE

Die Temperatur unseres Körpers messen wir in Grad Celsius (°C), die der Sterne wird in Kelvin (K) angegeben: 0 °C entspricht 273,15 Kelvin. Die Sternentemperaturen unterscheiden sich sehr von unseren gewohnten Temperaturen: Bei 39 °C Fieber fühlen wir uns schon sehr heiß; ein Kaminfeuer brennt mit einer rotgelben Flamme und erreicht 300 °C. Doch das ist kein Vergleich mit der Temperatur der Sterne: Diese kann zwischen 3.000 und 50.000 Kelvin betragen, das sind etwa 820.000 bis 14.000.000 °C!

Die Sonne ist ein Stern der Klasse G2.

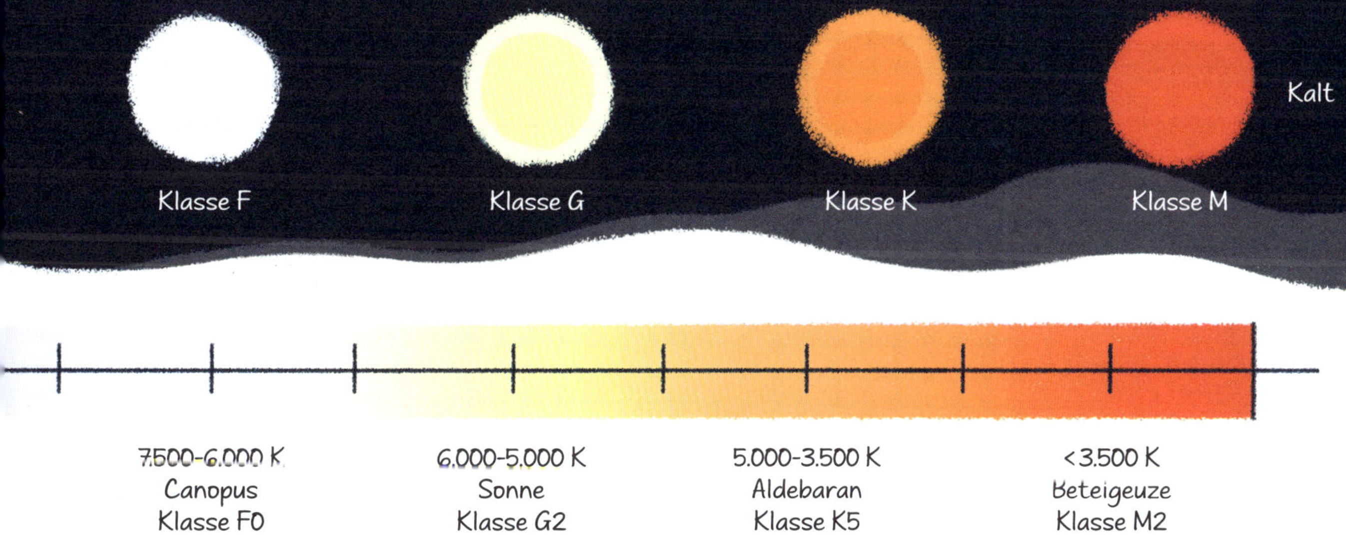

DIE DUNKLEN RÄUME DER GALAXIE

Zwischen einem Stern und dem nächsten gibt es in unserer Galaxie riesige Mengen an Gas und Staub: das so genannte Interstellare Medium. Staub? Natürlich! Nicht nur unter deinem Bett, sondern auch im Weltall gibt es Staub. Manchmal bilden Gas und Staub große, sehr dichte Wolken – in einen Würfel von einem Zentimeter Seitenlänge passen zwischen einigen Dutzend und mehreren Millionen Atomen. Diese so genannten Dunkelwolken nehmen wir am Himmel als schwarze Bereiche wahr. In diesen Dunkelwolken befinden sich Sterne – aber ihr Licht kommt nicht durch, sodass wir diese nicht sehen. Sobald der Staub das Sternenlicht verschluckt, erhitzt er sich und gibt diese Energie als längere Infrarotstrahlung wieder ab.

WEITWINKELAUFNAHME DER MILCHSTRASSE

Dieses Bild zeigt die strahlenden Bereiche der Milchstraße mit ihren unzähligen Sternengruppen und die Dunkelwolken aus Gas und Staub. Diese Wolken verschlucken das Licht der Sterne, die sich in ihrem Innern oder dahinter befinden. Daher ist es meistens unmöglich, diese Sterne mit einem Teleskop zu beobachten, das nur sichtbares Licht erfasst. Um herauszufinden, was sich im Innern der Dunkelwolken abspielt, nutzen wir Teleskope, die für Infrarotstrahlung empfindlich sind, wie zum Beispiel die Weltraumteleskope Herschel und Spitzer.

Bei der Beobachtung der Milchstraße könnten wir denken, dass die Sterne sehr dicht beieinanderliegen. Aber der ABSTAND ZWISCHEN ZWEI STERNEN in unserer Galaxie beträgt im Schnitt fünf Lichtjahre.

Der INTERSTELLARE STAUB entsteht in den letzten Lebensphasen eines Sterns, in Sternenwinden oder während einer Supernova-Explosion. Er kann verschiedene Formen und Zusammensetzungen haben: Mancher Staub ähnelt dem Sand am Meeresstrand, anderer besteht aus Graphit, dem Material deiner Bleistifte!

Die meisten Sterne in unserer Galaxie haben eine ähnliche oder kleinere Masse als unsere Sonne. MASSEREICHERE STERNE kommen seltener vor: Würden wir 100 Sterne zufällig aussuchen, hätten nicht einmal fünf von ihnen eine Masse, die zehnmal größer ist als die der Sonne.

Warum sehen wir die Milchstraße als Streifen am Himmel? Finde es auf Seite 112 heraus.

Eine Supernova begegnet dir zum ersten Mal auf den Seiten 98 bis 99.

DIE DUNKELWOLKEN

Das Gas in den Dunkelwolken besteht zum größten Teil aus Wasserstoffmolekülen, also aus vielen Wasserstoffatomen, die sich zu Paaren verbunden haben. Daher nennen wir die Dunkelwolken auch Molekülwolken.

Es gibt gigantische Molekülwolken, die so groß sind, dass wir einige Hundert Jahre bräuchten, um auf der anderen Seite herauszukommen, selbst wenn wir sie mit Lichtgeschwindigkeit durchqueren könnten. Andere wiederum sind nur ein paar Lichtjahre klein. Sie heißen Bok-Globule (nach ihrem Entdecker, dem Astronomen Bart Jan Bok).

Der Staub des Universums besteht aus winzig kleinen Teilchen (0,000001 Zentimeter im Durchmesser), ähnlich wie der Rauch aus dem Kamin, und sendet Infrarotstrahlung aus. Daher konnten wir mit empfindlichen Infrarot-Teleskopen auch bei sehr weit entfernten Sternen die Existenz dieser staubigen Zonen entdecken. Gewaltige Mengen dieses Staubs gab und gibt es im gesamten Universum.

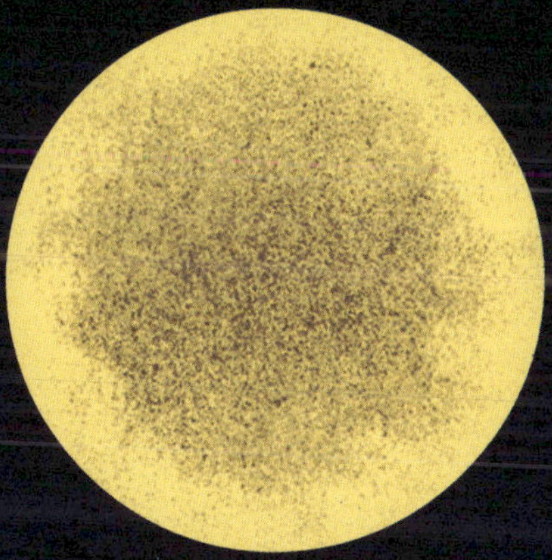

interstellarer Staub

Das Universum ist der beste Lehrer:
Es enthüllt mir,
dass auch die größten,
die gigantischsten Dinge
mit den kleinsten,
den winzigen zusammenhängen
– denk nur
an den Interstellaren Staub –;
er erinnert mich daran,
dass unsichtbare Kräfte
wie die Gravitation
alle sichtbaren Dinge zusammenhalten.
Sie verbindet zweihundert Milliarden Sterne,
lässt sie rotieren in der Galaxie,
kommen und gehen,
ohne wegzufliegen,
ohne zu verschwinden.

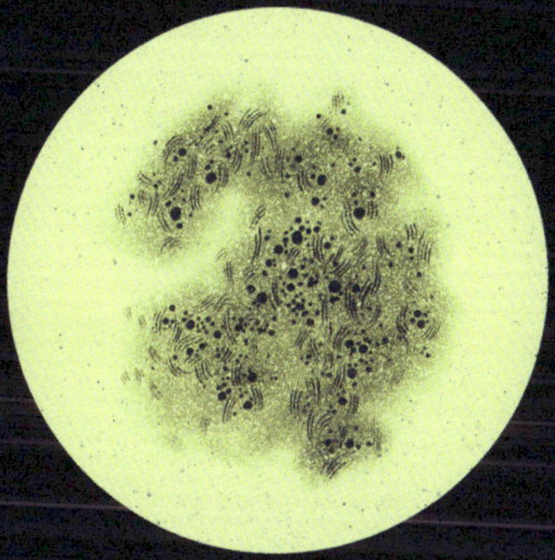

Rauch aus dem Kamin

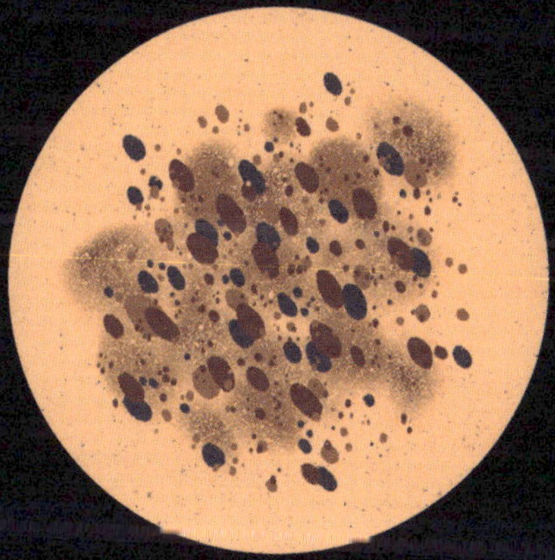

Staub unter dem Sofa

GRÖßENVERGLEICH

Um die Dicke eines Haars zu erreichen, müssten wir 1.000 Staubkörner aus dem All nebeneinanderlegen.

Selbermachen

WER VERSTECKT SICH DA?

Meine Schwester zeigt mir im Internet ein paar Fotos von den Dunkelwolken. Wie bei den Wolken am Himmel versuchen wir, lustige oder bekannte Figuren in ihnen zu entdecken. Sie zeigt mir drei … Sieht nicht jede Dunkelwolke wie irgendetwas Bekanntes aus?

Barnard 33 (oder einfach B33) ist die Dunkelwolke im Sternbild Orion. Sie wird auch Pferdekopfnebel genannt. Und diese Wolke sieht wirklich wie ein Pferdekopf aus! Oder wie ein Drache, der durch die Wolken fliegt … Auf diesen Seiten siehst du den Nebel B72 im Sternbild Schlangenträger – an was erinnert er dich? Für manche Menschen ist er eine Schlange, für andere der Buchstabe S oder vielleicht ein Seepferdchen …

Neben dieser Dunkelwolke gibt es kleinere Nebel wie B68, der als Schwarze Wolke bekannt ist. Wie sieht die aus? Wie eine Mütze mit Visier, wie ein Papageienschnabel oder wie ein Like-Daumen?

DAS KINDERZIMMER DER STERNE

Die Dunkelwolken befinden sich in den Spiralarmen der Galaxien und haben von jeher die Neugier der Astronominnen und Astronomen erregt. Was verstecken sie? Blicken wir mit Infrarot-Teleskopen in diese Wolken aus Gas und Staub, dann können wir … Überraschung! … die Geburt der Sterne beobachten. Denn genau hier verbringen die gerade geborenen Sterne ihre ersten Lebensphasen.

❗ *Die gigantischen Dunkelwolken stören mit ihrer Anziehungskraft die Umlaufbahnen von manchen Sternen der Milchstraße. Diese* STÖRAKTION *ist einer der Gründe dafür, dass die galaktische Scheibe eine gewisse Dicke hat.*

❗ *Der Astronom Edward Barnard hat im Jahr 1919 182 Dunkelwolken beschrieben. Der wissenschaftliche Name* B72 DES BARNARD-72-NEBELS *stammt von der Zahl im Katalog.*

➡ ARME? SPIRALEN? GALAKTISCHE SCHEIBE? *Die Erklärungen findest du auf Seite 120.*

EIN STERN WIRD GEBOREN

Im Inneren einer Molekülwolke gibt es Bereiche, die voller Materie sind: Wegen der Gravitationskraft häufen sich dort mit der Zeit Gas und Staub an. In der Folge zieht sich die Wolke immer weiter zusammen, das heißt, sie kollabiert – und zerfällt in viele Stücke (Fragmente). Diese großen Gaskugeln werden nach und nach immer dichter und heißer. Im Zentrum einer solchen Kugel bildet sich ein Kern aus noch mehr Masse: der Protostern. Die Gravitationskraft des Protosterns zieht einen Teil der Materie an, die ihn umgibt. Der Protostern wird also immer massereicher. Wahrscheinlich bilden sich später aus der Materie, die um den zukünftigen Stern zurückbleibt, die Planeten, die ihn dann umkreisen. Die Temperatur eines Protosterns steigt bis auf zehn Millionen Kelvin an und löst dann die Kernfusionen aus. Das ist die Geburtsstunde eines Sterns!

Wie lange das dauert, ist unterschiedlich. Vielleicht weißt du, dass in der Tierwelt die Tragzeit bei Säugetieren auch unterschiedlich ist: Bei Elefanten bleibt der Nachwuchs fast zwei Jahre im Mutterleib, bei Kaninchen ist es nur rund ein Monat. Auch die Sterne wachsen unterschiedlich schnell heran – allerdings brauchen hier die kleinen länger als die großen: Solche wie die Sonne brauchen Millionen Jahre für die Entstehung, während ein 15-mal so schwerer Stern in gerade einmal 100.000 Jahren entsteht.

Wenn die Kernfusionsreaktionen beginnen, verwandelt sich der Wasserstoff in Helium und erzeugt unvorstellbar viel Energie. Der Stern entzündet sich und brennt. Von seiner Oberfläche sendet er dann die Leuchtenergie als Lichtstrahlen aus, die wir auf der Erde sehen.

DIE ENTSTEHUNG EINES STERNS WIE DER SONNE

In den dichtesten Regionen der Molekülwolken zieht sich das Gas zusammen und bildet eine protostellare Wolke, die sich um ihre eigene Achse dreht. Das Gas häuft sich im Zentrum immer weiter an und bildet einen Protostern, der von einer Gasscheibe umgeben ist und dessen Masse weiter zunimmt. Wenn der Stern sich entzündet, verdampft ein Teil der Scheibe und aus der restlichen Materie formen sich die Planeten.

rotierende Wolke
Endphase des Sterns (gravitativer Kollaps)
Bildung der protoplanetaren Scheibe
protostellare Wolke
Protostern
Protoplaneten
planetarisches System

Ist die Masse eines Protosterns zu klein – weniger als ein Zehntel der Sonne – so reicht seine Temperatur nicht aus, um die Kernfusionen in Gang zu bringen. Es bildet sich ein Brauner Zwerg: ein »verhinderter Stern«, der kalt, rot und klein ist, nicht viel größer als Jupiter.

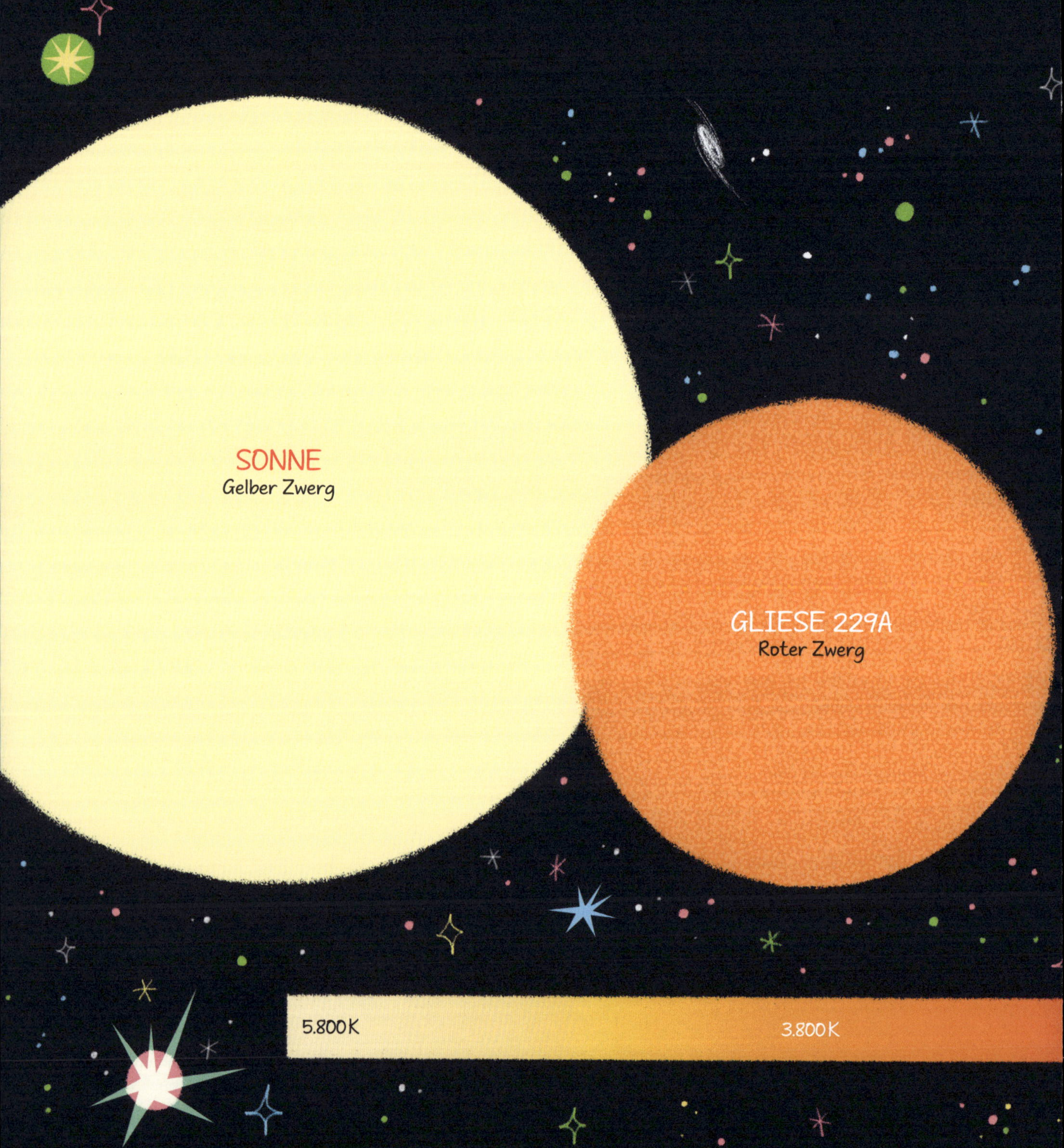

Die Jugend eines Sterns
beginnt bei zehn Millionen Grad.
Ohne Unterlass verschmelzen
Atome in ihm.
So ist es ganz normal,
dass er wächst,
sich verändert,
leichte Elemente gegen schwere tauscht,
unglaubliche, nicht zu bändigende
Energie produziert,
die schließlich ausbricht

und strahlt strahlt strahlt.

❗ *Trotz seines Namens erscheint ein Brauner Zwerg dem menschlichen Auge als rotorange, während die Oberfläche eines Gelben Zwergs weiß aussieht, wie im Fall der Sonne.*

Lebenswichtige Kernenergie

Bei einer Kernfusion, also der Verschmelzung von leichten Atomen zu schwereren Atomen, entsteht eine große Menge Energie, die nicht im Innern des Sterns gehalten werden kann. Sie wird in Form von Gammastrahlung (Strahlung mit hoher Energie) abgegeben. Bevor diese Strahlung den Stern verlässt, durchquert sie seinen Kern (in dem sie ja hergestellt wird) und gelangt an die Oberfläche. Während dieser Reise trifft sie auf das Sternengas, verliert Energie und wird zu sichtbarer Strahlung. Auf diese Art produziert auch unsere Sonne die Energie und das Licht, die jeden Tag bei uns ankommen und für das Leben auf der Erde notwendig sind.

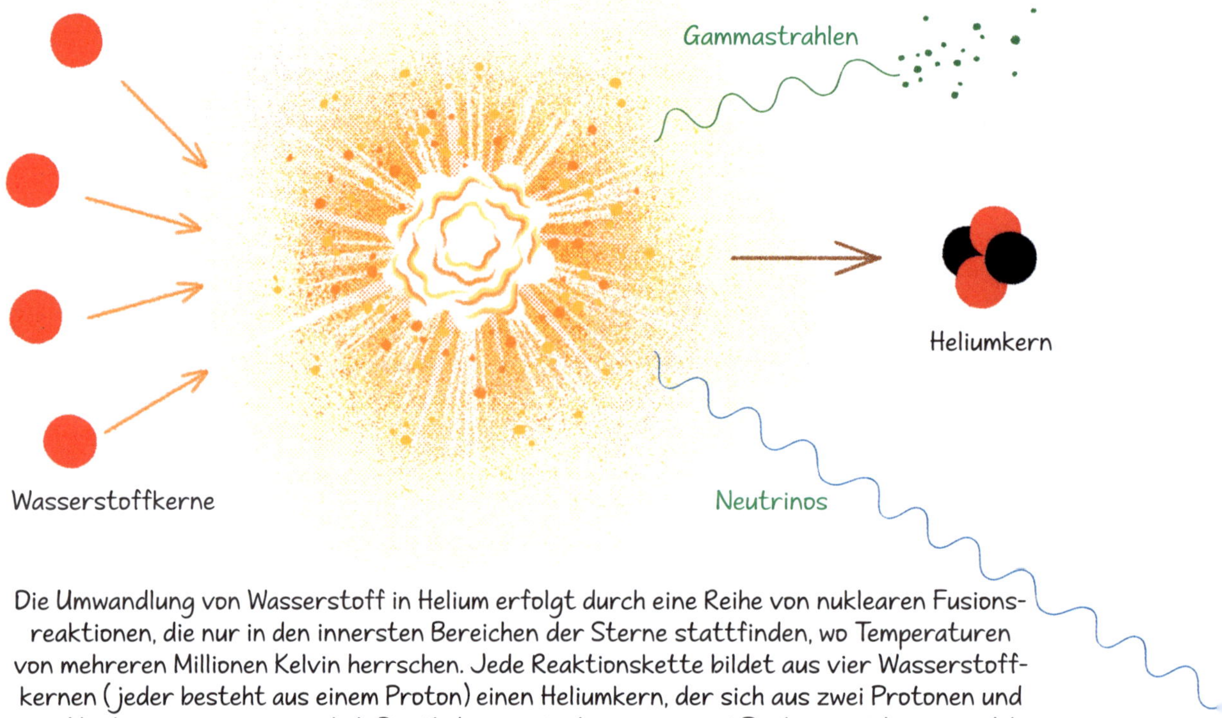

Die Umwandlung von Wasserstoff in Helium erfolgt durch eine Reihe von nuklearen Fusionsreaktionen, die nur in den innersten Bereichen der Sterne stattfinden, wo Temperaturen von mehreren Millionen Kelvin herrschen. Jede Reaktionskette bildet aus vier Wasserstoffkernen (jeder besteht aus einem Proton) einen Heliumkern, der sich aus zwei Protonen und zwei Neutronen zusammensetzt. Damit das passiert, müssen zwei Protonen sich verwandeln und zu Neutronen werden. Bei diesen Reaktionen entstehen zusätzlich Neutrinos.

Die Zahl der Wasserstoffatome in einem Stern wie der Sonne ist enorm: 10^{57}, also eine 1 mit 57 Nullen! Bis die Sonne den gesamten Wasserstoff in ihrem Innern in Helium verwandelt hat, dauert es noch fünf Milliarden Jahre.

Willst du mehr über die NEUTRINOS *wissen? Blättere auf Seite 155.*

Wie wäre das LEBEN *auf Planeten, die von anderen Sonnen erhellt werden? Das erfährst du auf Seite 198.*

DAS LANGE LEBEN DER STERNE

Während seines Daseins macht ein Stern verschiedene Veränderungen durch, die seinen Lebenszyklus markieren. Es ist ein bisschen damit vergleichbar, wie wir uns vom Kind zum Erwachsenen entwickeln. Ein Stern verbringt die meiste Zeit seines Lebens damit, in seinem Kern durch nukleare Fusionsreaktionen chemische Elemente zu »kochen«.

Junge Sterne

Gleich nach seiner Geburt beginnt der Stern, sich zu verändern: Er verwandelt Wasserstoff in Helium. Damit verbringt er seine gesamte Jugend. Unsere Sonne, die noch jung ist, verwandelt in ihrem Zentrum Wasserstoff und wird das vermutlich auch noch die nächsten fünf Milliarden Jahre lang tun.

Die Lebensdauer eines Sterns berechnen wir anhand der Zeit, die er benötigt, um den gesamten Wasserstoff in seinem Innern aufzubrauchen. Die Phase der Wasserstoffverbrennung ist die längste Lebensphase eines Sterns. Wie lange diese Phase dauert, hängt von der Masse des Sterns ab: Sterne mit weniger Masse brauchen mehr Zeit dafür – sie leben also länger als Sterne mit einer größeren Masse. Ein Stern mit einer ähnlichen Masse wie die Sonne, die fast zwei Quintillionen Kilogramm wiegt (das ist eine 2 mit 30 Nullen!), lebt ungefähr zehn Milliarden Jahre. Ein Stern mit einer zehnmal größeren Masse als die Sonne (die Einheit nennen wir Sonnenmasse) verbraucht seinen Wasserstoff schneller als die Sonne und lebt daher nur ungefähr 20 Millionen Jahre. Das ist ungefähr so, wie ein röhrender Rennwagen, der seinen Sprit viel schneller verbraucht als ein Kleinwagen! Sterne mit einer Masse, die geringer ist als eine Sonnenmasse, leben am längsten, nämlich mehr als 13 Milliarden Jahre.

Erfahre alles über unsere SONNE *auf den Seiten 154 bis 159.*

Erwachsene Sterne

Sobald der gesamte Wasserstoff im Zentrum eines Sterns aufgebraucht ist, beginnt er, andere Elemente herzustellen. Wie in einer Kettenreaktion wird nun aus Helium Kohlenstoff, aus Kohlenstoff wird Sauerstoff – im Prinzip kann das immer so weitergehen, bis Eisen entsteht.

Je größer die Masse des Sterns ist, umso größer ist die Zahl der chemischen Elemente, die er während seines Lebens erzeugt. Eisen wird beispielsweise nur von Sternen hergestellt, die mindestens sechsmal so massereich sind wie die Sonne.

Der Stern wächst, altert und verändert mehrmals sein Aussehen und seine Größe, bevor er stirbt. In dieser Phase strahlt er Hunderte Male heller und ist deutlich größer. Er verwandelt sich in einen Roten Riesen (Dutzende Male größer als die Sonne) oder in einen Roten Überriesen, der ein paar Hundert oder sogar ein paar Tausend Male größer ist als die Sonne.

Riesensterne und Überriesen

Wir Menschen können uns kaum vorstellen, wie gigantisch Riesensterne sind, und noch schwieriger ist das bei den Überriesen: Sie haben Ausmaße, die für uns nicht mehr zu begreifen sind. Aber wir können diese Sterne miteinander vergleichen.

Arktur, der Riese, ist der Erde am nächsten. Er ist ein Stern der Klasse K (also rotorange) und 25-mal größer als die Sonne. Der Überriese Antares aus dem Sternbild Skorpion ist 700-mal größer als die Sonne. Und Beteigeuze aus dem Sternbild Orion ist sogar beinahe so groß wie unser gesamtes Sonnensystem!

Die Sterne, die sich in ihrer Roter-Riese-Phase befinden, können im Lauf ihres Alters die Farbe ändern. Wie du ja bereits weißt, hängt die Farbe eines Sterns von seiner Oberflächentemperatur ab. Auf den Riesen erhöht sich die Temperatur manchmal, und sie werden gelb (wie der Polarstern im Kleinen Bären) oder blau (wie Rigel im Sternbild Orion).

! ALLES IST RELATIV

Betrachte das Bild auf der nächsten Seite von links oben nach rechts unten, Zeile für Zeile. In der ersten Zeile erfährst du, wie groß die Erde im Vergleich zu Merkur ist. In der nächsten Zeile stellst du fest, wie klein sie im Vergleich zu Jupiter ist. In der dritten Zeile wird Jupiter, der größte Planet in unserem Sonnensystem, sehr klein im Vergleich zur Sonne und noch kleiner im Vergleich zu Sirius A. Und selbst Sirius A in der folgenden Zeile ist winzig im Vergleich zu Aldebaran! Und so geht es immer weiter. Alles ist eben relativ …

VON DEN PLANETEN ZU DEN ÜBERRIESEN: GRÖßENVERGLEICH

Selbermachen

EIN STERNEN-MOBILE

Heute gehen meine Schwester und ich in einen Bastelladen. Dort kaufen wir Pinsel und ein paar Farben: Orange, Blau, Gelb, Rot, Weiß.

»Das sind die Farben der Sterne!«, rufe ich.

»Ganz genau! Und das hier werden unsere Sterne«, sagt sie und legt Styroporkugeln in unterschiedlichen Größen auf den Tresen. »Aus den großen Kugeln machen wir Überriesen, die kleinen werden zu Zwergen und so weiter.«

»Malen wir sie an?«

»Natürlich. Und dann bauen wir dein Lieblingssternbild nach! Erinnerst du dich noch, dass wir die Sterne anhand ihrer Farbe klassifizieren können? Vom heißtesten zum kältesten?«

»Oh, be a fine guy kiss me!«, antworte ich und lege die Farbtuben mit Blau, Weiß, Gelb, Orange und Rot neben die Kugeln.

WIE STERNE STERBEN

Wir haben also gesehen, dass ein Stern in einer Kettenreaktion chemische Elemente herstellt. Diese Fähigkeit hängt von der Masse und der Temperatur in seinem Innern ab. Die thermonuklearen Reaktionen enden, sobald der Brennstoff (die verschmelzenden chemischen Elemente) aufgebraucht und die Temperatur im Sterneninnern nicht mehr hoch genug ist, um das nächste Element zu verbrennen. In diesem Augenblick erzeugt der Stern keine Energie mehr und stirbt.

Aber das ist kein richtiger Tod, sondern eher eine Verwandlung. Ein Stern wie die Sonne, ein Gelber Zwerg, wird erst zu einem Roten Riesen und danach zu einem wunderschönen planetarischen Nebel. In diesem Stadium verliert er nämlich so viel von seinem Gas, dass sich um ihn herum Blasen bilden. Diese breiten sich mit hoher Geschwindigkeit im All aus - daher nennen wir dieses Phänomen »Nebel«. In der Mitte des Nebels bleibt dann ein Weißer Zwerg zurück, ein klei-

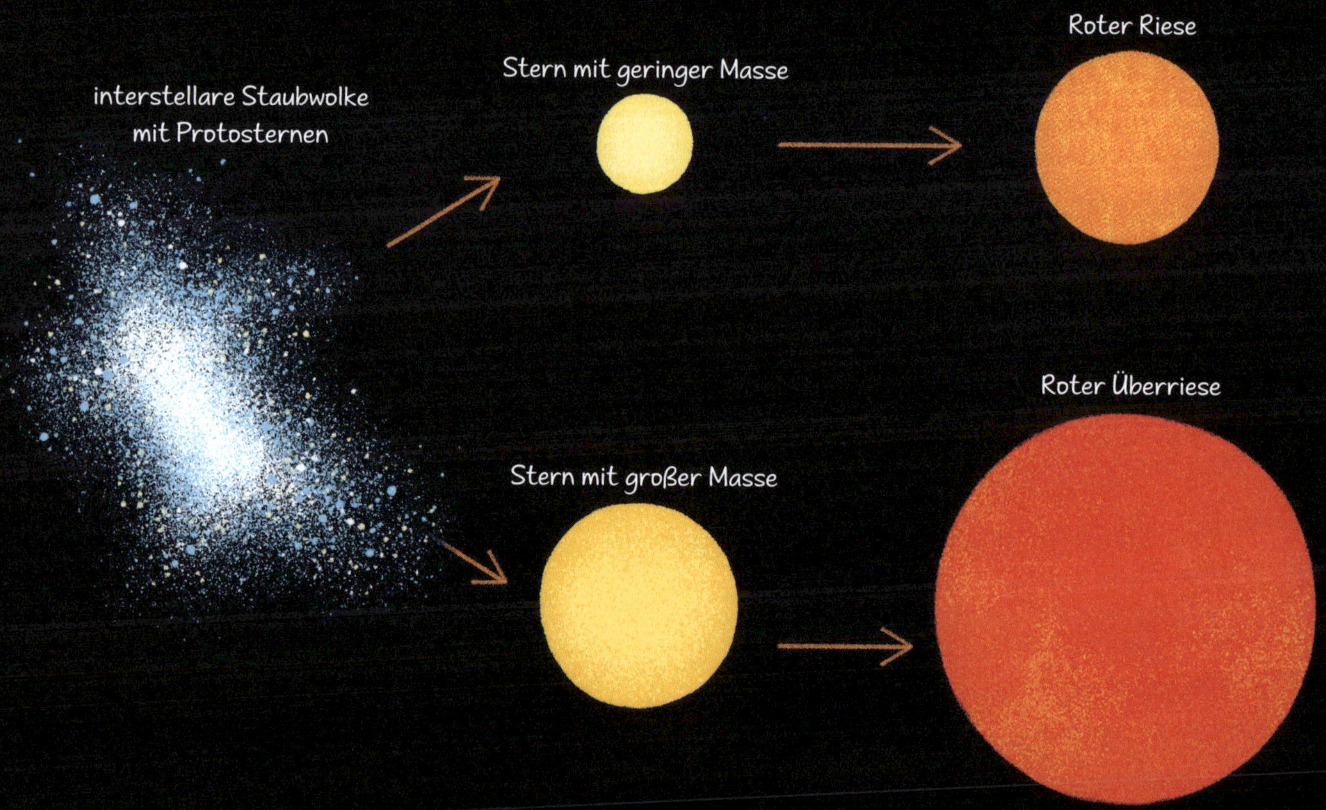

ner Stern, der immer weniger leuchtet und schließlich verlischt und zu einem Schwarzen Zwerg wird.

In Sternen mit größerer Masse werden die chemischen Elemente, die nach dem Eisen hergestellt werden, nicht durch Kernfusionen erzeugt, sondern durch Prozesse, bei denen die Atomkerne Neutronen und Protonen einfangen.

Ein zehnmal schwererer Stern als die Sonne wird also zu einem Roten Überriesen mit einem Eisenkern und beendet sein Leben mit einer mächtigen und strahlenden Explosion, einer Supernova. Dabei wird ein Teil seiner Materie weggeschleudert, der Rest formt ein kompaktes Objekt: entweder einen Neutronenstern oder ein Schwarzes Loch.

Auch die kleinen Weißen Zwerge können, wenn sie sich in einem Doppelsternsystem befinden, das aus zwei Sternen besteht, zu einer Supernova werden. In diesem Fall zerstören sich die beiden Sterne vollständig und werden in Bruchstücken ins All geschleudert.

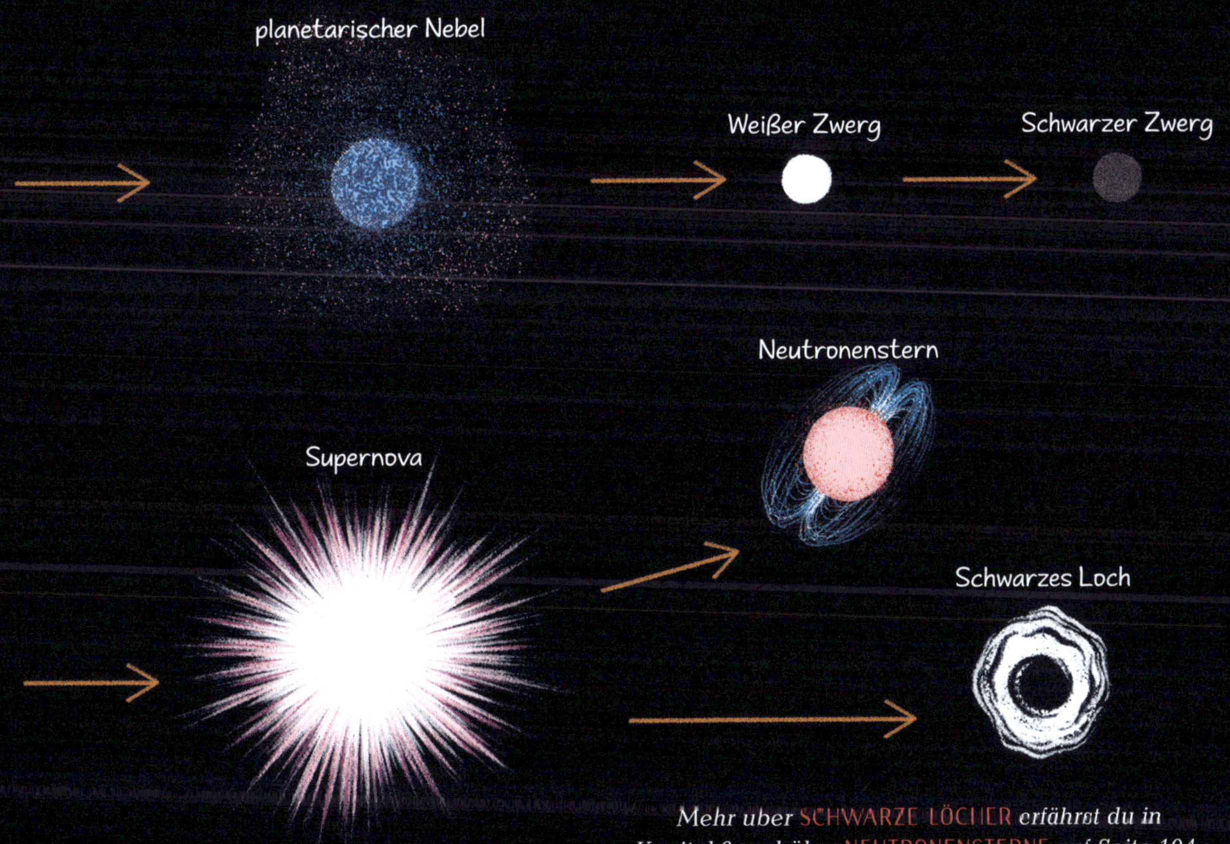

Mehr über SCHWARZE LÖCHER erfährst du in Kapitel 6 und über NEUTRONENSTERNE auf Seite 104.

LICHTER AM HIMMEL ...

Leuchtende Explosionen

Eine Supernova strahlt wie Milliarden von Sternen zusammen und ist milliardenmal heller als die Sonne – und sogar heller als die gesamte Galaxie, in der sie explodiert. Die Materie, die dabei ins Weltall katapultiert wird, sind die Supernova-Überreste. Sie sehen wie ein Gemälde am Himmel aus.

! *Manche Supernovae sind so hell, dass wir sie auch am Tag mit bloßem Augen sehen können! Im Jahr 1054 beobachteten die Menschen in China eine* SUPERNOVA. *Ihre Überreste sind der so genannte Krebs-Nebel. Der dänische Astronom Tycho de Brahe entdeckte 1572 eine Supernova, genannt Tychos Supernova. Und 1987 konnten wir die SN 1987A beobachten.*

Und was sind Sternschnuppen?

Oft sprechen wir von Sternschnuppen, vor allem im Sommer rund um den 10. August. Aber diese schnellen Lichtstreifen am Himmel, bei deren Anblick wir uns etwas wünschen, sind keine Sterne. Wie du ja bereits weißt, verwandeln sich die Sterne: Sie explodieren und verglühen ... aber sie fallen nicht vom Himmel! Das, was wir Sternschnuppen nennen, sind Meteore, kleine Felsbrocken (und Staub), die aus dem All in die Erdatmosphäre eindringen und sich entzünden.

Auf Seite 151 findest du mehr Infos zu STERNSCHNUPPEN.

Es war kein Stern,
ich weiß,
aber als es in die Atmosphäre eintrat,
als ich seinen Schweif brennen sah
am dunklen Himmelszelt,
steckte die ganze Weite des Alls
in diesem Gesteinsteilchen,
und ich verspürte einen langen Schauer,
während auf dem schwarzen Glas
des Firmaments
dieser flammende Tropfen herablief.
Da fiel kein Stern vom Himmel,
ich weiß,
und trotzdem sagte ich:
»Oh!«

WIR ALLE SIND KINDER DER STERNE

Seit ich etwas mehr über die Sterne weiß, verstehe ich, dass fast alle chemischen Elemente wie Kohlenstoff, Wasserstoff und Eisen erst mit der Geburt der Sterne im Universum entstanden sind: Ohne sie würden wir in einem Meer aus leichtem Wasserstoff und Helium schwimmen! Alle schwereren Elemente bildeten sich in den Kernen der Sterne und tun das heute immer noch.

»Aber wie sind die Elemente dann auf die Erde gelangt?«, frage ich.

»Die Sterne haben dieses Material im Weltraum verteilt«, erklärt meine Schwester, »zum Beispiel durch die Supernova-Überreste oder die planetarischen Nebel. Dann wurde es in Molekülwolken recycelt, in denen sich neue Sterne und Planeten bildeten. Die Wolke, aus der vor fast fünf Milliarden Jahren unser Sonnensystem hervorging – und damit auch die Erde und sehr viel später dann wir Menschen –, war also voll von all den chemischen Elementen, die für die Entstehung von Leben nötig sind. Denk nur an den Kohlenstoff in unserem Körper oder an das Wasser, das aus Wasserstoff und Sauerstoff besteht. Mehr als 70 Prozent dieser Elemente bildeten sich durch die Supernovae und wurden zu der Wolke, aus der die Sonne und die Erde entstanden sind.«

»Also bestehen wir alle irgendwie aus … Sternenstaub!«

Vielleicht interessieren mich die Sterne deshalb so sehr. Sie sind zwar weit weg, aber auch ganz nah … sie sind nämlich praktisch ein Teil von mir!

Erfahre alles über den URKNALL auf Seite 23.

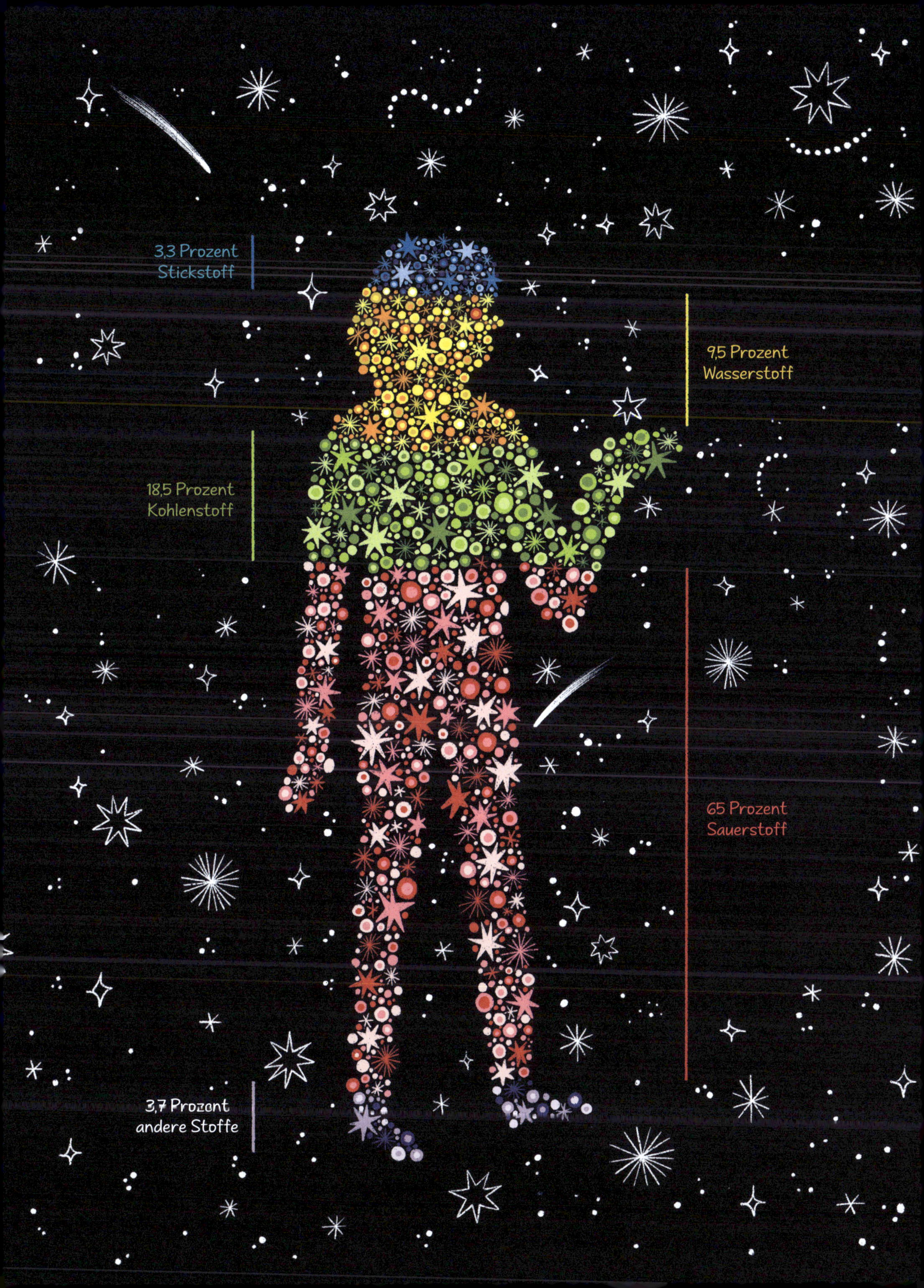

3,3 Prozent Stickstoff
9,5 Prozent Wasserstoff
18,5 Prozent Kohlenstoff
65 Prozent Sauerstoff
3,7 Prozent andere Stoffe

DER HIMMEL IST EIN RADIO

Das Universum können wir nicht nur ansehen, sondern wir können es auch hören: Die Signale seiner Radiowellen gelangen nämlich bis zur Erde. Durch sie entdecken wir Sterne, die wir sonst nur erahnen könnten, und können ihre Position bestimmen. Das ist fast so, als würden wir den Schallwellen aus dem Radio zu ihrem Ausstrahlungsort folgen, wo die Moderatoren sitzen und die Musik präsentieren. Auf diese Weise haben wir die so genannten Pulsare entdeckt, Neutronensterne, die sich irrsinnig schnell um sich selbst drehen (einige 100 Umdrehungen pro Sekunde). Sie senden dabei viele Radiowellen, Röntgenstrahlen und Gammastrahlen aus, aber nur wenig sichtbares Licht. Aufgrund ihrer Drehung scheinen sie zu pulsieren.

Neutronensterne

Neutronensterne sind sehr kleine Sternen-Überreste, die zum größten Teil aus Neutronen bestehen. Ihr Durchmesser beträgt nur etwa zehn Kilometer, damit sind sie rund 145-mal kleiner als der Mond. Aber sie sind sehr massereich – sie wiegen 38 Millionen Mal mehr als der Mond.

Jocelyn Bell Burnell und die Entdeckung des ersten Pulsars

Jocelyn Bell Burnell war 24 Jahre alt, als sie eine großartige Entdeckung machte. Während ihrer Doktorarbeit an der Universität von Cambridge baute sie an einem Radioteleskop mit, das mit seinen Antennen die Radiowellen aus dem All erfassen konnte. Sie legte Holzbretter am Boden aus und verband die Kupferkabel, die für die tägliche Aufzeichnung der eingefangenen Signale auf mehr als 30 Meter langen aufgerollten Papierstreifen nötig waren.

Einige Zeit später, 1967, sah sie auf zwei Zentimetern des Papierstreifens etwas Merkwürdiges: ein schnelles, regelmäßiges Signal, das völlig anders war als die anderen Signale. Mit Beharrlichkeit überzeugte sie ihre zweifelnden Professoren Anthony Hewish und Sir Martin Ryle davon, dass das etwas Besonderes sei. Am Anfang dachten sie, das Signal komme aus einer fremden Welt, und nannten die Quelle des Signals LGM-1 – Little Green Man 1, also »kleiner grüner Mann 1«. Aber dann fanden sie heraus, dass es sich um die »Stimme« eines besonderen Sterns handelte. Jocelyn hatte PSR B1919+21 entdeckt, den ersten Pulsar, einen pulsierenden »Radiostern«. Diese große Entdeckung brachte Hewish und Ryle 1974 den Physiknobelpreis ein – Jocelyn wurde nicht einmal erwähnt. Inzwischen, nach mehr als 50 Jahren, erkennt die wissenschaftliche Gemeinschaft jedoch Jocelyn Bell als die wahre Entdeckerin der Pulsare an.

Aus diesem Grund wurde ihr 2018 einer der wichtigsten Physik-Preise der Welt verliehen, der Breakthrough Prize. Mit den drei Millionen Dollar Preisgeld unterstützt sie vor allem Frauen, ethnische Minderheiten und Geflüchtete, die Physik studieren wollen.

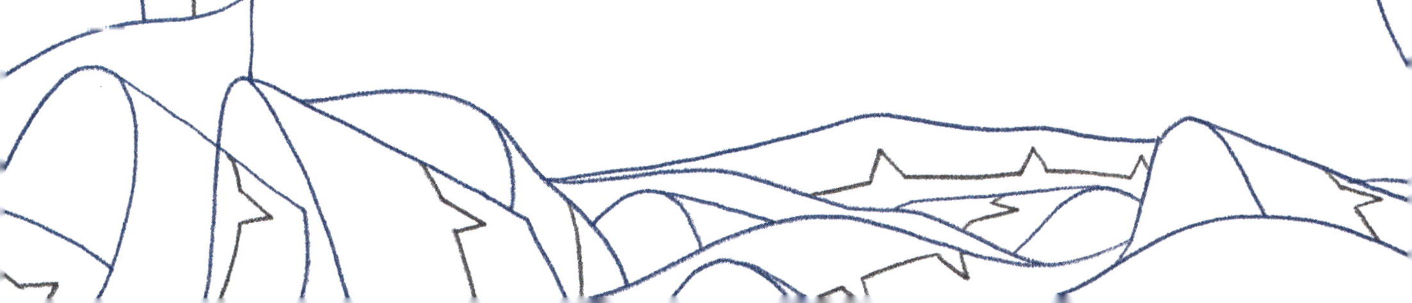

Wie gelangen wir nun
von einer Galaxie in die andere?

Wie schwimmen wir durchs Dunkel
zwischen diesen Inseln
aus Milliarden von Sternen,
in dieser unendlichen Weite?

Das All um sie herum
gleicht einem Ozean,
in ihm gibt es keinen Halt,
kein Wort,

also stellen wir uns vor,
Wir fliegen.

Kapitel 5

AUF ZU ANDEREN GALAXIEN

Wir breiten eine Decke auf der Wiese aus und machen es uns bequem.

Über uns fließt eine Art Fluss durch die Dunkelheit, ein Fluss aus Sternen, ein hingegossener Streifen aus Lichtern, atemberaubend schön. Seit ich verstanden habe, was die Milchstraße ist, weiß ich viel mehr über den Himmel. Das ist so, als würden wir unser kleines Stadtviertel verlassen und mit einem fantastischen Panoramaaufzug in die Höhe fahren: Auf einmal sehen wir eine riesige Stadt unter uns.

Aber meine Schwester lacht darüber nur.

»Natürlich gehören die Sterne, die du nachts am Himmel siehst, zur Milchstraße. Bis vor etwa einhundert Jahren dachten die Menschen, dass das Universum nur aus unserer Galaxie besteht«, erzählt sie. »Aber inzwischen haben wir schon Millionen von anderen Galaxien entdeckt und klassifiziert.«

»Millionen von Galaxien?«

»Ja. Du kannst sie dir wie leuchtende Inseln vorstellen, die durch das Universum treiben …«

»Aber wie wissen wir denn, dass andere Sterne zu einer anderen Galaxie gehören?«

»Indem wir ihre Entfernung zur Erde messen. Wenn die Sterne weiter weg sind als das äußerste Ende unserer Galaxie, müssen sie außerhalb von ihr liegen, oder?«

»Stimmt.«

Wenn ich so darüber nachdenke, dann ist das Gespräch mit meiner Schwester über den Himmel doch keine Fahrt in einem Aufzug, sondern eher eine Fahrt in einem Riesenrad oder einer Achterbahn. Denn sobald du denkst, du hast etwas kapiert und die Fahrt ist zu Ende, geht schon die nächste Runde los. is noch viel aufregender.

DIE MILCHSTRAẞE, DAS ZUHAUSE VON STERNEN UND PLANETEN

Um die Sterne zu erforschen, müssen wir in sehr weite Ferne blicken. Die Sonne ist der Stern, der der Erde am nächsten liegt. Sie ist 150 Millionen Kilometer von uns entfernt. Alle anderen Sterne sind noch viel weiter weg.

Nach der Sonne ist Proxima Centauri der zweitnächste Stern. Er gehört zur Klasse M5, ist also rot. Sein lateinischer Namen bedeutet »der Nächstgelegene«, aber dieser Stern ist immerhin 40.000 Milliarden Kilometer (eine 4 mit 13 Nullen!) von uns entfernt. Das entspricht 4,2 Lichtjahren und ist eine gigantische Entfernung. Trotzdem wohnen wir im selben »Haus«: unserer Galaxie, auch Galaxis oder Milchstraße genannt.

Darin nimmt unser Sonnensystem nur einen winzigen Raum ein: So viel wie ein Sandkorn am Strand! Die Milchstraße ist nämlich so groß, dass wir etwa 200.000 Jahre bräuchten, um von einem Ende zum anderen zu gelangen, selbst wenn wir mit Lichtgeschwindigkeit reisten.

Einen Grundriss von diesem gigantischen Haus anzulegen ist schwierig, denn wir stecken mittendrin.

Du weißt nicht mehr, wie viel ein LICHTJAHR *ist? Blättere zurück auf Seite 52.*

Auf Seite 120 erklären wir dir die FORM DER GALAXIEN.

Weißt du noch, dass wir über die GRAVITATIONSKRAFT *gesprochen haben? Nein? Dann zurück auf Seite 36.*

Welche Form hat unsere Galaxie …

Im Sommer kannst du einen langen leuchtenden Sternenstreifen sehen, der sich über den Himmel zieht: Das ist die Milchstraße, jedenfalls der Teil von ihr, den wir mit bloßem Auge erkennen können! Gerade weil der Streifen so weiß ist, erinnert er die Menschen an Milch. Daher hat unsere Galaxie ihren Namen.

Im Laufe der Zeit und durch gründliche Forschungsarbeit haben wir erkannt, dass die Sterne der Milchstraße wie auf einer großen Scheibe angeordnet sind. In deren Mitte gibt es eine Art Kugel (den Bulge), die von einem scheinbaren Balken durchkreuzt wird. An den Enden des Balkens beginnen die Spiralarme. Die Milchstraße ist eine Balkenspiralgalaxie.

Die Sterne auf dieser Scheibe stehen jedoch nicht fest im Universum, sondern kreisen mit unterschiedlicher Geschwindigkeit um den Kern der Galaxie, je nachdem, wie weit sie von ihm entfernt sind. Die Sonne und alle Planeten unseres Sonnensystems befinden sich in einem der Spiralarme der Galaxie. Unser Sonnensystem braucht etwa 230 Millionen Jahren, um den Kern einmal zu umrunden. Es zieht dabei mit einer sehr hohen Geschwindigkeit durchs All: mit knapp 800.000 Kilometern pro Stunde, also etwa 3.000-mal schneller als ein Hochgeschwindigkeitszug.

… wie viel wiegt sie …

Der Supercomputer Yeti der amerikanischen Columbia-Universität hat berechnet, dass unsere Galaxie etwa 210 Milliarden Mal so viel wiegt wie unsere Sonne. (Zur Erinnerung: Die Sonne wiegt bereits etwa zwei Quintillionen, das ist eine 2 mit 30 Nullen …)

… und wie viele Sterne gibt es in ihr?

Es ist unmöglich, alle Sterne der Galaxie einzeln zu zählen, aber wir vermuten, dass es mehr als 200 Milliarden sind. Die Gravitationskraft hält all diese Sterne in der Galaxie, in der sie sich zwar bewegen und um sich selbst drehen, aber aus der sie nicht ausbrechen können.

Mit Hilfe des Weltraumteleskops Gaia haben Wissenschaftlerinnen und Wissenschaftler den umfangreichsten Katalog der Sterne unserer Galaxie veröffentlicht, den es bisher gibt. In der Fassung aus dem Dezember 2020 stehen eine Milliarde und 800 Millionen Sterne, die Gaia in 34 Monaten gezählt hat.

ZIMMERGENOSSEN UND NACHBARN

Die meisten Sterne in unserer Galaxie bewegen sich jedoch nicht allein durchs All, sondern bilden Paare. Diese Sternenpaare nennen wir Doppelsternsysteme, wie Sirius A und Sirius B, oder Doppel-Doppelsternsysteme, wie Capella (mit vier Sternen). Außerdem gibt es kleine Gruppen und sogar große Haufen, die Hunderttausende Sterne enthalten können. Die ältesten Sterne finden sich in Kugelsternhaufen – also kugelförmig angeordneten Sternenansammlungen. All diese Haufen gehören wiederum zu einem so genannten Halo aus Sternen, also einer kugelförmigen Hülle, die die Scheibe der Milchstraße umgibt.

WIE IST DIE MILCHSTRAßE AUFGEBAUT?

Unsere Galaxie ist eine Ansammlung von Sternen auf einer großen Scheibe, die einen Durchmesser von etwa 200.000 Lichtjahren hat.

Wir sind hier
Unser Sonnensystem (und somit auch die Erde und wir) sind vom Zentrum der Milchstraße etwa 26.000 Lichtjahre entfernt, das entspricht ungefähr 246 Billiarden Kilometern. Wir wohnen also ... am Stadtrand!

Scheibe
Die meisten der heißen und strahlenden jungen Sterne befinden sich in der Scheibe.

Kugelsternhaufen

Im Halo befinden sich die ältesten Sterne. Sie sind kleiner und kälter als die jungen und entstanden lange vor denen in der Scheibe. Diese alten Sterne bilden Kugelsternhaufen.

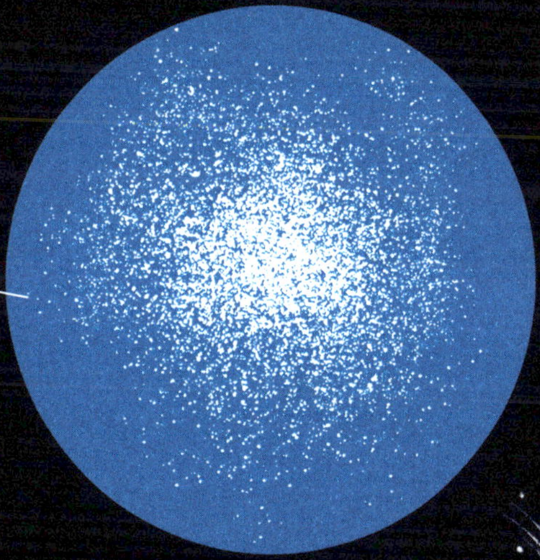

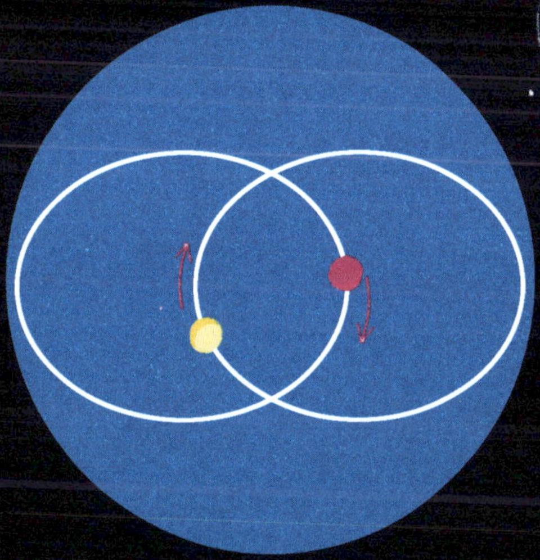

Doppelsternsystem

Es besteht aus zwei Sternen, die einander umkreisen.

DAS GESAMTE LICHT DER MILCHSTRAßE

Je nachdem, mit welchem Teleskop wir die Milchstraße betrachten, verrät sie uns ganz unterschiedliche Dinge. Mit einem Weltraumteleskop wie Hubble sehen wir das Licht, das von gerade geborenen Sternen stammt. Wenn wir hingegen ein Infrarot-Teleskop benutzen, können wir durch den Staub hindurchsehen und die Geburt der Sterne selbst beobachten. Mit einem Radioteleskop hören wir die »Musik« der Pulsare, während wir mit einem Röntgenstrahlen-Blick Sternenexplosionen erleben und nach Schwarzen Löchern suchen können. Die Gammastrahlen-Observatorien schließlich, erlauben uns, die energiereichsten Phänomene in der Milchstraße zu erforschen.

Warum sieht die Milchstraße wie ein Streifen aus?

Stell dir vor, du stehst auf einem Platz voller Menschen: Wenn du dich umblickst, siehst du nur die Menschen, die in deiner Nähe um dich herum sind. Genau das passiert auch, wenn wir uns aus unserem Sonnensystem heraus umschauen: Sehen wir parallel zur Scheibenrichtung der Milchstraße, erblicken wir all die vielen Sterne, die uns umgeben. Diese erscheinen uns wie ein strahlender Streifen. Blickst du auf dem Platz jedoch nach oben, siehst du den freien Himmel. Das Gleiche passiert, wenn wir von der galaktischen Scheibe hochblicken, wo es sehr viel weniger Sterne gibt: Dort erscheint uns der Himmel viel dunkler. Um die Milchstraße mit all ihren prächtigen Spiralarmen von oben zu sehen, müssten wir Millionen Lichtjahre weit ins All reisen bis zu einer anderen Galaxie. Leider geht das nicht. Aber wir können uns mit dem Anblick unserer Zwillingsnachbarin trösten: der Andromedagalaxie!

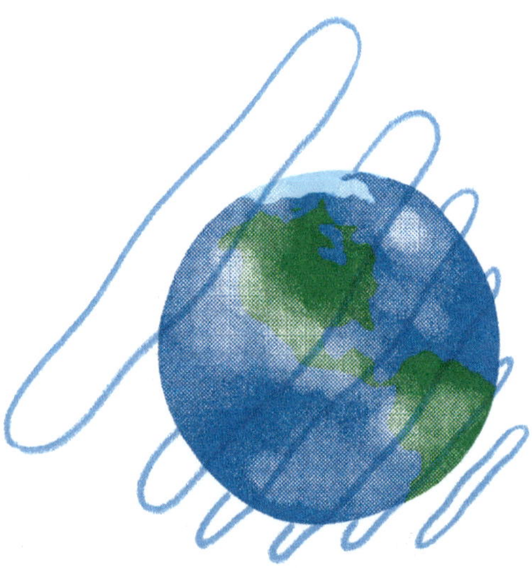

EIN ANDERES FENSTER INS UNIVERSUM

Neben den Dingen, die uns die verschiedenen Wellenlängen des Lichts verraten, können wir das Universum aber auch mithilfe der GRAVITATIONSWELLEN *untersuchen. Diese Wellen können von sehr massereichen und dichten Himmelskörpern wie den Neutronensternen und den Schwarzen Löchern ausgesandt werden. Solche Objekte sind mithilfe von elektromagnetischen Strahlen nur schwer zu finden. Wenn eine Gravitationswelle die Erde trifft, fängt unser Planet an zu vibrieren. Wir Menschen merken davon nichts, weil es sich dabei um ganz winzige Vibrationen handelt. Mittlerweile gibt es aber sehr empfindliche Instrumente, die diese Wellen erfassen.*

NEUTRONENSTERNE? PULSARE? *Mehr dazu auf Seite 104. Was ein* SCHWARZES LOCH *ist, erfährst du auf Seite 132, und mit den* GRAVITATIONSWELLEN *befassen wir uns auf Seite 138.*

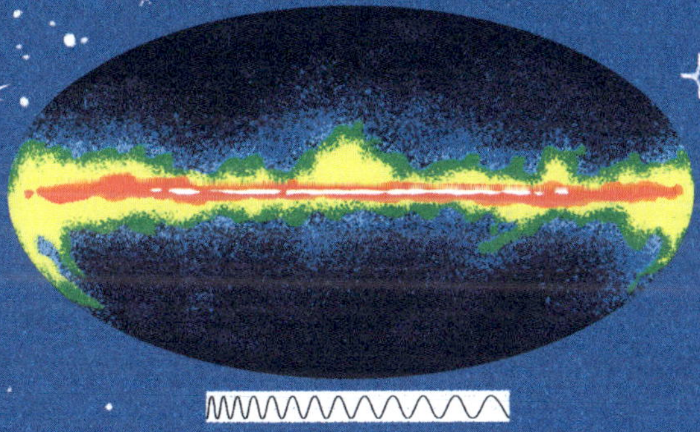

Radiowellen

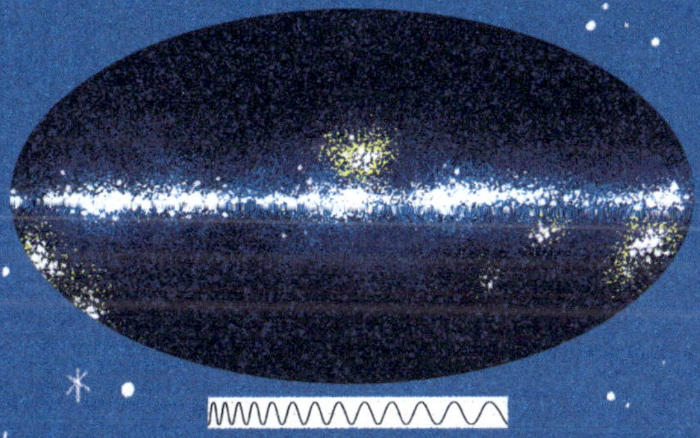

Infrarotstrahlen

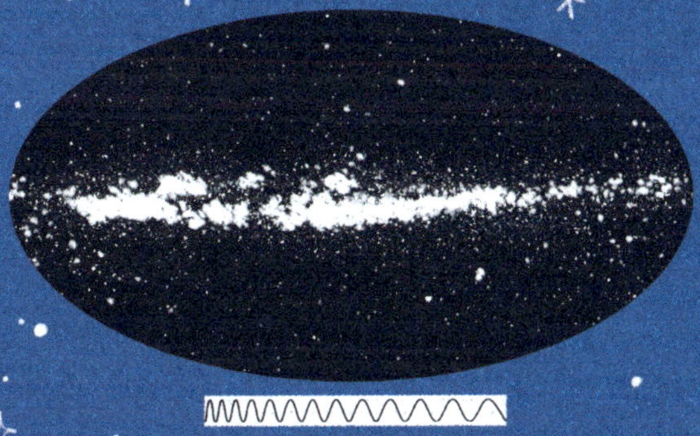

sichtbares Licht

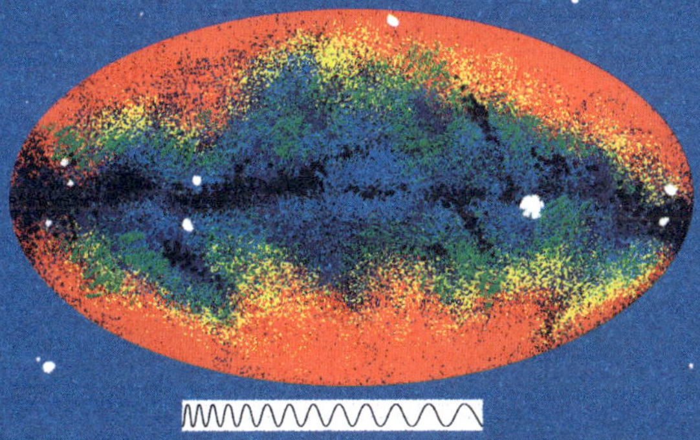

Röntgenstrahlen

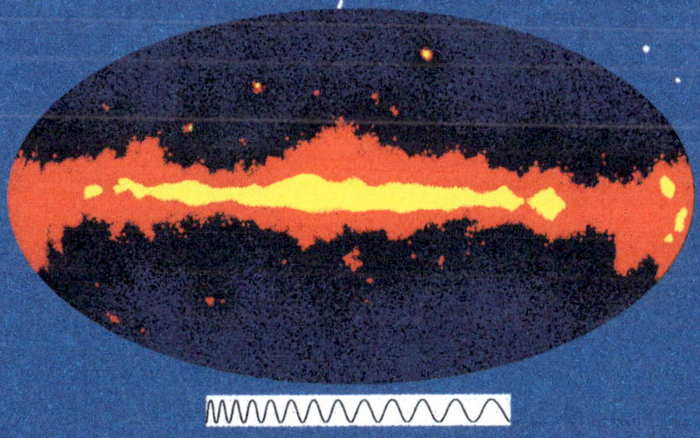

Gammastrahlen

So sieht unser Zuhause, die Milchstraße, durch die verschiedenen Teleskope aus, die die unterschiedlichen Wellenlängen des Lichts einfangen.

DAS TASCHENLAMPENPROBLEM

Stellen wir uns vor, wir sind draußen im Dunkeln mit einer befreundeten Person unterwegs, die sich mit einer Taschenlampe in der Hand von uns fortbewegt. Wenn sie etwa zehn Meter weit weg ist, erscheint uns das Licht ihrer Taschenlampe wie ein Lichtpunkt. Entfernt sie sich weitere zehn Meter, wird das Licht für uns immer schwächer. Wenn wir die gleiche Taschenlampe haben können wir ihr helles Licht mit dem entfernten schwachen Licht vergleichen und dadurch abschätzen, wie groß die Entfernung zu der anderen Person ist. Wenn wir aber keine solche Taschenlampe zum Vergleichen haben, können wir nicht wissen, wie weit es bis zum anderen Licht ist. Dann sehen wir ein schwaches Leuchten – was aber auch daran liegen könnte, dass die Batterie fast leer ist.

Wenn wir die Entfernung zu einem Stern messen wollen, haben wir das gleiche Problem: Woher sollen wir wissen, ob er nah an der Erde ist, aber schwach leuchtet, oder ob es ein heller Stern ist, der sehr weit weg ist und uns darum schwach erscheint? Um das herauszufinden, müssten wir seine absolute Helligkeit kennen. Wir bräuchten also so etwas wie eine Vergleichstaschenlampe.

In der Astronomie nennen wir Lichtquellen, deren absolute Helligkeit wir kennen, Standardkerzen. Ihre Entdeckung hat unsere Art, das Universum zu vermessen, revolutioniert.

Das Universum vermessen
heißt: weitergehen, auch
wenn du dich verlaufen hast,
den Blick in die Ferne richten,
nach Hinweisen suchen,
an die Türen
aller Sternbilder klopfen,
und endlich einen Bezugsstern finden,
einen hellen Punkt,
und mit weißer Kreide wie ein Schneider
eine Linie auf schwarzem Stoff ziehen,
eine Null nach der anderen zählen,
und zählend die Luft anhalten,
bis dir fast schwindlig wird.

HENRIETTA UND IHRE VERÄNDERLICHEN STERNE

Henrietta Swan Leavitt war ein neugieriges und sehr begabtes Kind. Sie liebte Musik und Mathematik über alles und konnte sich nicht entscheiden, ob sie Musikerin oder Wissenschaftlerin werden sollte. Leider war sie oft krank und verlor nach und nach ihr Gehör. So musste sie zwar die Musik aufgeben, aber dafür begeisterte sie sich immer mehr für die Wissenschaft, vor allem für die Astronomie.

Am Ende des 19. Jahrhunderts durften Wissenschaftlerinnen noch nicht an Universitäten forschen, und so arbeitete Henrietta viele Jahre lang als Assistentin am astronomischen Observatorium der Universität Harvard, USA – am Anfang sogar ohne Bezahlung.

Henrietta und die anderen Wissenschaftlerinnen, die dort tätig waren, durften die Sterne aber nicht selbst durch das Teleskop beobachten … denn das galt damals als Männersache! Sie mussten die Sterne klassifizieren, indem sie schwarz-weiße Fotoplatten genau studierten. Das war eine sehr mühselige und unbefriedigende Aufgabe, aber weil es keine anderen Möglichkeiten gab, nahm Henrietta diese Arbeit an und führte sie sorgfältig aus. Sie war besonders gut darin, eine bestimmte Sternenklasse ausfindig zu machen, die so genannten Cepheiden. Die Leuchtkraft dieser Sternengruppe schwankt in einer bestimmten Zeit zwischen einem größten und einem kleinsten Wert: Henrietta verglich die Fotos einer Himmelsregion, die in verschiedenen Nächten, manchmal im Abstand von einer Woche, aufgenommen wurden. So fand sie mehr als 1.700 Cepheiden. Für eine kleine Gruppe dieser Sterne konnte sie die Periode ihrer Lichtschwankungen messen, also die Zeit, die der Stern benötigt, um nach seiner höchsten Leuchtkraft zuerst sein Minimum und dann wieder sein Maximum der Helligkeit zu erreichen.

Henrietta notierte ihre Beobachtungen in einem Heft und ihr fiel auf, dass die hellsten Sterne für ihre Veränderung am längsten brauchten. Sie verstand sofort die enorme Bedeutung dieser Beziehung zwischen Periode und Leuchtkraft, die heute das Leavitt-Gesetz genannt wird. Wenn wir die Periode der Veränderung eines Sterns messen, können wir seine absolute Helligkeit ermitteln und die Cepheiden als Standardkerzen benutzen. Leider starb Henrietta, noch bevor sie von den revolutionären Entdeckungen erfuhr, die durch ihre Arbeit möglich wurden.

! VERÄNDERLICHE STERNE

Die Cepheiden sind ein Beispiel für veränderliche Sterne, also Sterne, deren Helligkeit in regelmäßigen Zeitabständen zu- und wieder abnimmt. Diese Schwankungen hängen von den physikalischen Bedingungen im Innern der Sterne ab.

EIN GALAKTISCHER STREIT!

In den 1920er-Jahren, nachdem Henrietta die Veränderungen der Cepheiden entdeckt hatte, gerieten die Astronomen in einen großen Streit. Sie diskutierten über einige Sternengruppen, die ein undeutliches Licht aussandten, ähnlich wie eine Wolke, und die sie daher »Nebel« nannten. Die Wissenschaftler fragten sich: Befinden sich diese Sterne innerhalb oder außerhalb unserer Galaxie?

Die Frage konnte erst von dem amerikanischen Astronomen Edwin Hubble beantwortet werden. Mit dem Teleskop auf dem Mount Wilson in Kalifornien, damals einem der leistungsstärksten der Welt, fand er in einigen dieser Sternennebeln Cepheiden, unter anderem im Andromedanebel. Durch die Anwendung des Leavitt-Gesetzes konnte Hubble die Entfernung dieser Cepheiden messen und fand heraus, dass sie 2,5 Millionen Lichtjahre entfernt sind. Sie sind also viel weiter weg, als alle Sterne in unserer Galaxie (die Milchstraße hat einen Durchmesser von etwa 200.000 Lichtjahren).

Aufgrund seiner wichtigen Entdeckungen gilt Hubble als der Begründer der Extragalaktischen Astronomie, der Wissenschaft, die das Universum außerhalb unserer Galaxie erforscht. Ihm zu Ehren wurde ein Weltraumteleskop auf seinen Namen getauft: das Hubble Space Telescope! Es ist ein echter Galaxien-Jäger!

Mehr über das WELTRAUMTELESKOP HUBBLE *erfährst du auf Seite 76.*

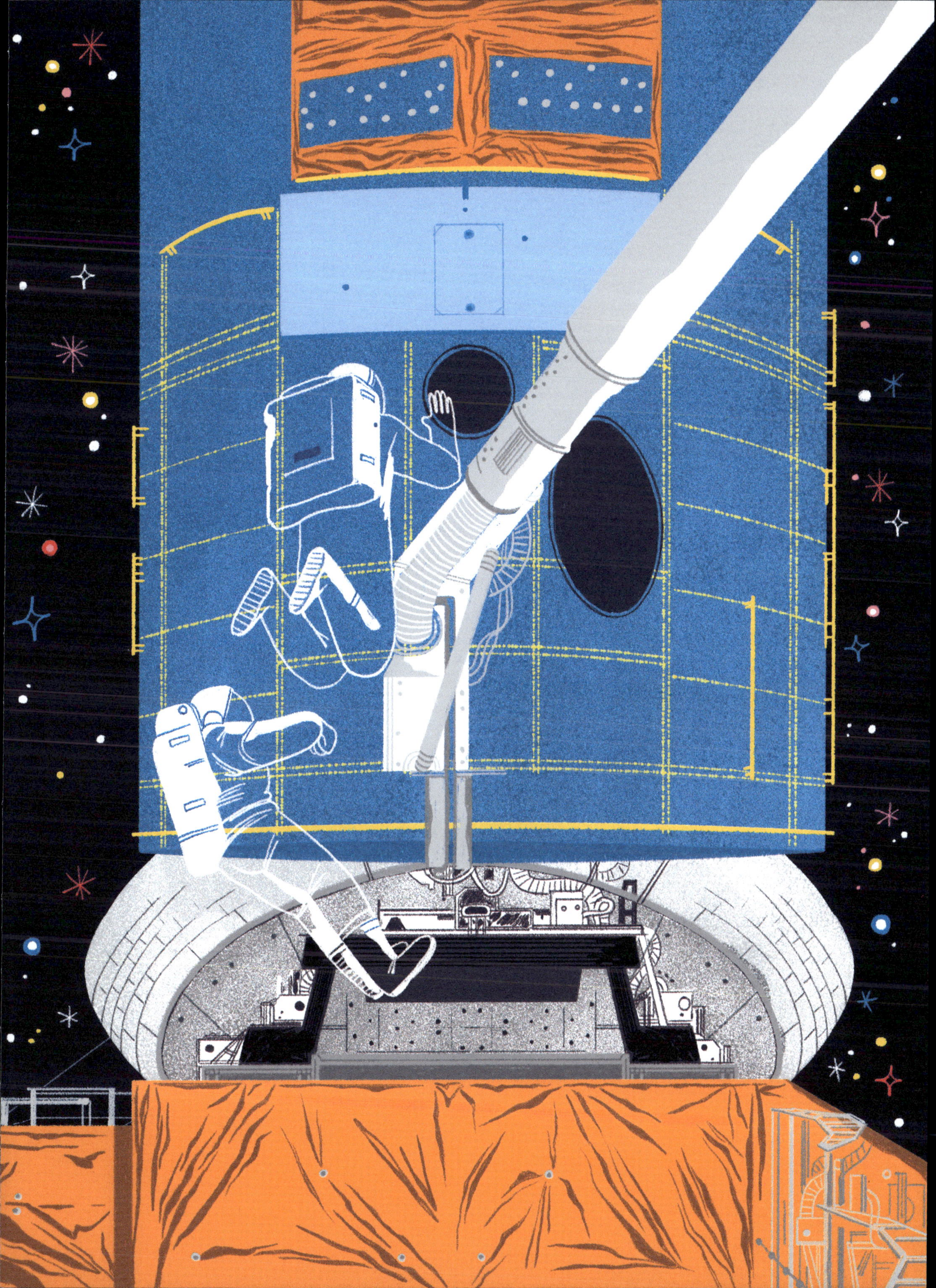

DIE GALAXIEN

Wie viele Sterne gibt es in den Galaxien ...

Wenn wir mit einem Teleskop eine Nachbargalaxie betrachten, zum Beispiel Andromeda, sehen wir, wie sich die Sterne, das Gas und der interstellare Staub im Weltall verteilen. Daran erkennen wir die genaue Form dieser Galaxie.

Eine weit entfernte Galaxie erscheint jedoch nur wie ein unscharfer Punkt. Wir sehen nicht ihre Form, sondern nur das gesamte Licht, das alle Sterne dieser Galaxie aussenden.

Die Anzahl der Sterne in einer Galaxie zu bestimmen ist sehr schwierig: Es sind so viele, dass wir sie nicht zählen können! Deshalb messen wir die gesamte Leuchtkraft einer Galaxie und ermitteln daraus die Zahl der Sterne, die diese Leuchtkraft erzeugt haben. Das Ergebnis ist eine Schätzung, denn wir können nur vermuten, wie viel Licht jeder Stern aussendet.

Die Anzahl der Sterne einer Galaxie kann ganz unterschiedlich sein. Es gibt gigantische Galaxien, in denen bis zu 1.000 Milliarden Sterne strahlen, und sehr kleine Galaxien, so genannte Zwerggalaxien, von denen manche gerade einmal 10.000 Sterne umfassen.

... welche Formen haben sie ...

Jede Galaxie hat ihre eigene Form, ihr eigene Farbe, ihre eigene Größe. Aber wenn wir sie vergleichen, erkennen wir zwei grundlegende Klassen: die Spiralgalaxien und die elliptischen Galaxien.

Bei den Spiralgalaxien wie der Milchstraße gehen die Arme von einem Zentrum aus, das manchmal die Form eines Balkens hat. Die armlosen elliptischen Galaxien haben einen sehr viel größeren Kern. Diese Unterteilung heißt Hubble-Klassifikation, benannt nach Edwin Hubble, über den wir schon auf den Seiten zuvor berichtet haben.

In der Klassifikation fehlen jedoch die Zwerggalaxien, die sehr viel kleiner sind, und die irregulären Galaxien, die keine eindeutigen Formen oder Strukturen haben.

... und warum sind sie nicht alle gleich?

Form und Farbe einer Galaxie hängen von ihrem Entwicklungsstadium ab. Ja – auch Galaxien werden geboren, sie wachsen und altern. Oft vereinen sie sich dabei mit Nachbargalaxien, auf die sie zufällig treffen.

Bei der Geburt verfügt eine Galaxie über sehr viel interstellares Gas und stellt aus diesem Brennstoff Sterne her. Ihre Sternen-Bevölkerung ist jung und heiß, deshalb hat die gesamte Galaxie eine bläuliche Farbe. Wenn eine Galaxie altert, nimmt die Menge des Gases ab, die alten Sterne werden kälter und strahlen ein rötlicheres Licht aus.

Elliptische Galaxien sind alt und rot, Spiralgalaxien bilden noch neue Sterne und sehen dadurch blau aus. Wir vermuten, dass Spiralgalaxien jünger sind und sich später in elliptische Galaxien verwandeln werden, sobald sie sich mit einer anderen Galaxie vereinen: Bei so einem Zusammentreffen vermischen die Galaxien ihren stellaren Brennstoff. Daraus entstehen noch einmal sehr viele Sterne, bevor diese große Galaxie dann zu altern beginnt.

GALAXIEN AUF KOLLISIONSKURS

Alle Sternenbewegungen der Andromedagalaxie, die wir beobachten, scheinen darauf hinzudeuten, dass sich diese Galaxie unserer Milchstraße mit einer Geschwindigkeit von 120 Kilometern pro Sekunde nähert (das entspricht 432.000 Kilometern pro Stunde). Wegen der großen Entfernung zwischen den beiden Galaxien werden sie aber erst in etwa vier Milliarden Jahren zusammenstoßen.

Begegnen sich
zwei Galaxien
und ziehen sie sich an,
so kann es passieren,
dass sie tanzen,
sich streifen,
die Arme ausbreiten,
sich vereinen,
wie ein Tropfen
mit dem anderen,
bis sie gegenseitig
ihre Herzen berühren.

Im All,
die Liebe.

GALAKTISCHE UMARMUNGEN

Im Universum treffen häufig Galaxien aufeinander. Anscheinend sind die meisten Galaxien mindestens einmal mit einer anderen zusammengestoßen. Diese Vereinigungen dauern Hunderte Millionen von Jahren, und manche finden gerade in diesem Moment statt, sodass wir unglaubliche Spektakel beobachten können, die zu den faszinierendsten Ereignissen im Universum gehören.

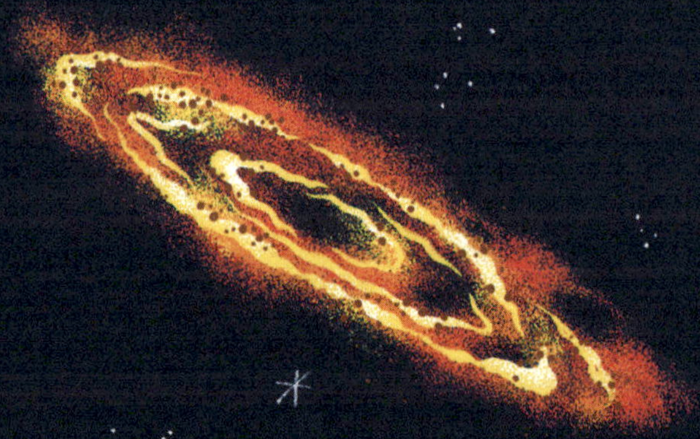

KÖNNEN WIR GALAXIEN OHNE EIN TELESKOP SEHEN?

Die Galaxie, die wir am einfachsten beobachten können, ist unsere eigene, die Milchstraße. Doch erstaunlicherweise sehen wir auch andere: etwa die Große und die Kleine Magellansche Wolke, die der Milchstraße so nah sind, dass sie als unsere Satelliten-Galaxien gelten. Das bedeutet, dass sie die Milchstraße umlaufen, so wie der Mond die Erde, nur in einer viel größeren Dimension. Wollen wir diese Zwerggalaxien sehen, müssen wir auf die Südhalbkugel jenseits des Äquators reisen. Die wunderschöne Andromedagalaxie können wir hingegen auch von der Nordhalbkugel aus betrachten.

Selbermachen

SO FINDEST DU DIE ANDROMEDAGALAXIE

Heute Nacht gehen wir auf Galaxien-Jagd! Um die Andromedagalaxie zu finden eignet sich eine mondlose Herbstnacht am besten. Wir fahren aus der Stadt hinaus, damit das Kunstlicht die Sterne nicht überstrahlt.

»Also, wir beginnen unsere Suche bei dem Sternbild Kassiopeia, das wir ganz leicht erkennen können«, erklärt meine Schwester. »Schau dir aber zuerst die Sternkarte an.«

»Kassiopeia ist das W am Himmel«, sage ich, denn daran kann ich mich gut erinnern.

»Genau. Wenn wir jetzt der Richtung folgen, in die die beiden Spitzen des W zeigen, gelangen wir zum Sternbild Andromeda, das wie ein auf die Seite gelegtes V aussieht. Dieses V teilt sich einen Stern mit dem großen Sternbild Pegasus.«

Mit bloßem Auge suchen wir den Himmel ab und folgen den Hinweisen der Sternkarte. So finden wir schließlich das Sternbild Andromeda.

»Aber wir sind noch nicht ganz da!«, sagt meine Schwester. »Sieh noch einmal auf die Sternkarte. Die Andromedagalaxie befindet sich hier. Kannst du sie am Himmel erkennen? Sie sieht aus wie ein unscharfes leuchtendes Pünktchen …«

»Ich glaube, ich habe sie«, rufe ich aufgeregt.

Meine Schwester gibt mir ein Fernglas. Ich blicke hindurch und kann den strahlenden Kern der Andromedagalaxie erkennen, der von dem schwächeren Licht ihrer Spiralarme umgeben ist.

»Ich habe meine erste Galaxie entdeckt!«

Auf Seite 8 erklären wir die STERNBILDER.

NICHT NUR STERNE

Die Bewegung der Sterne in den Außenbereichen einer Spiralgalaxie verrät uns, dass noch ein wichtiger Gast anwesend ist: die Dunkle Materie. Wir haben sie dank der Arbeit der großen Galaxien-Forscherin Vera Cooper Rubin entdeckt, die das Unsichtbare beobachtet hat.

Vera Cooper Rubin und das Gewicht der Galaxien

Vera Cooper Rubin erforschte die Bewegung der Sterne an den Rändern der Andromedagalaxie. Sie fand heraus, dass diese mit der gleichen Geschwindigkeit um das Zentrum der Galaxie kreisen wie die Sterne, die sich weiter im Innern befinden. Das ist sehr ungewöhnlich: Wenn wir uns von der Mitte einer Galaxie entfernen, wo sich der größte Teil der Sterne und des interstellaren Gases befindet, müsste die Gravitationskraft eigentlich abnehmen. Die Sterne sollten sich an den Rändern also langsamer bewegen. Bei den Planeten in unserem Sonnensystem ist das der Fall: Um der Anziehungskraft der Sonne entgegenzuwirken, umkreisen die inneren Planeten (wie die Erde) die Sonne schneller als die äußeren (wie Jupiter).

In den 1970er-Jahren erkannte Vera den Grund für das merkwürdige Verhalten der Sterne in der Andromedagalaxie: Das Gewicht der gesamten Galaxie muss viel höher sein, als vermutet worden war. Bis dahin berechneten die Wissenschaftlerinnen und Wissenschaftler nur die sichtbare Masse (also das Gas, die Sterne und den interstellaren Staub). In einer Galaxie gibt es aber auch eine nicht sichtbare Art von Materie, die so genannte Dunkle Materie. Vera bewies das Vorhandensein dieser Materie, indem sie in vielen weiteren Galaxien die Bewegung der Sterne erforschte.

➲ *Die Beziehung von* MASSE *und* GRAVITATIONSKRAFT *kannst du auf den Seiten 36 bis 37 nachlesen.*

➲ *Warum müssen die Planeten im* SONNENSYSTEM *um die Sonne kreisen, um nicht hineinzustürzen? Mach das Experiment auf Seite 152, dann erfährst du die Antwort.*

➲ *Willst du nachlesen, was* DUNKLE MATERIE *ist? Es steht auf Seite 38.*

Was bist du?
Wie funktionierst du?
Was passiert in dir?
Das möchte ich gern
vom pulsierenden Herzen
einer Galaxie erfahren:
Meine Fragen sind Köder
in ihrem dunklen Grund
mit der immensen Gravitation.
Ihr entkommt nicht einmal
das Licht,
nicht mal mit seiner
sagenumwobenen Geschwindigkeit.

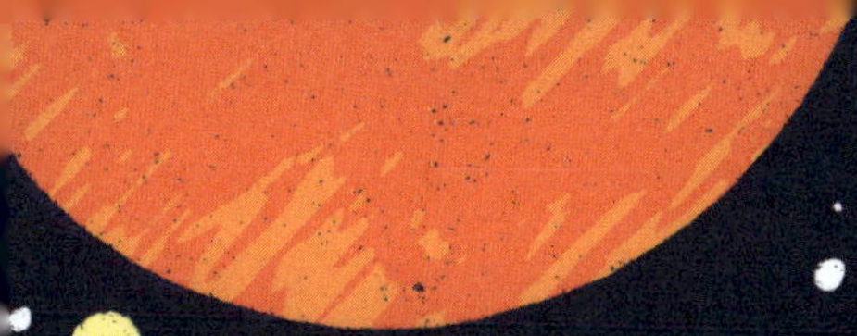

Kapitel 6

EXTREM ANZIEHEND: DIE SCHWARZEN LÖCHER

Meine Schwester holt eine alte Armbanduhr hervor und bindet sie mir um. Dabei sagt sie, dass es in den Galaxien Orte gibt, an denen die Zeit anders verläuft.

»Und was heißt das? Ist eine Minute da etwa nicht eine Minute lang?«, frage ich verwundert.

»Ganz genau.«

»Und was sind das für Orte?«

»Das sind die Schwarzen Löcher. In einem Schwarzen Loch ist die Gravitation so stark, dass sie Raum und Zeit verformt.«

»Wow! Das will ich sehen!«, rufe ich und gehe zum Teleskop.

Meine Schwester lacht. »Schwarze Löcher können wir leider nicht direkt beobachten, weil ihre starke Gravitation auch das Licht vollständig festhält. Um sie zu finden, erforschen wir, wie sie auf ihre Umgebung wirken.«

Ich sehe auf die Armbanduhr, höre das immer gleiche Tick-Tack und wundere mich, dass es in der Nähe eines Schwarzen Lochs anders ticken würde. Das Universum ist echt außergewöhnlich. Kaum hast du eine Sache verstanden, stellst du fest, dass es noch sehr viel mehr zu erforschen gibt.

EIN SCHWARZES ... LOCH!

Stell dir vor, du könntest die Erde so zusammendrücken, dass sie nur noch die Größe eines Zuckerwürfels hätte. Was würde passieren? Die Gravitation, die von der Würfelzucker-Erde ausgehen würde, wäre so hoch, dass nicht einmal das Licht von ihr wegkäme. Du hättest ein Schwarzes Loch erschaffen!

Wenn du die Sonne in ein Schwarzes Loch verwandeln wolltest, müsste sie auf einen Radius von drei Kilometern zusammengepresst werden. Aber das ist natürlich nicht ganz einfach ... So etwas passiert nur unter ganz besonderen Bedingungen. Hat ein Stern, der sehr viel größer als die Sonne ist, seinen nuklearen Brennstoff aufgebraucht, explodiert er in einer gigantischen Supernova. Dabei verdichtet sich ein Teil seiner Materie zu einem kleinen Körper, einem so genannten Schwarzen Loch.

Weißt du noch, WIE EIN STERN STIRBT*? Lies es auf Seite 98 nach.*

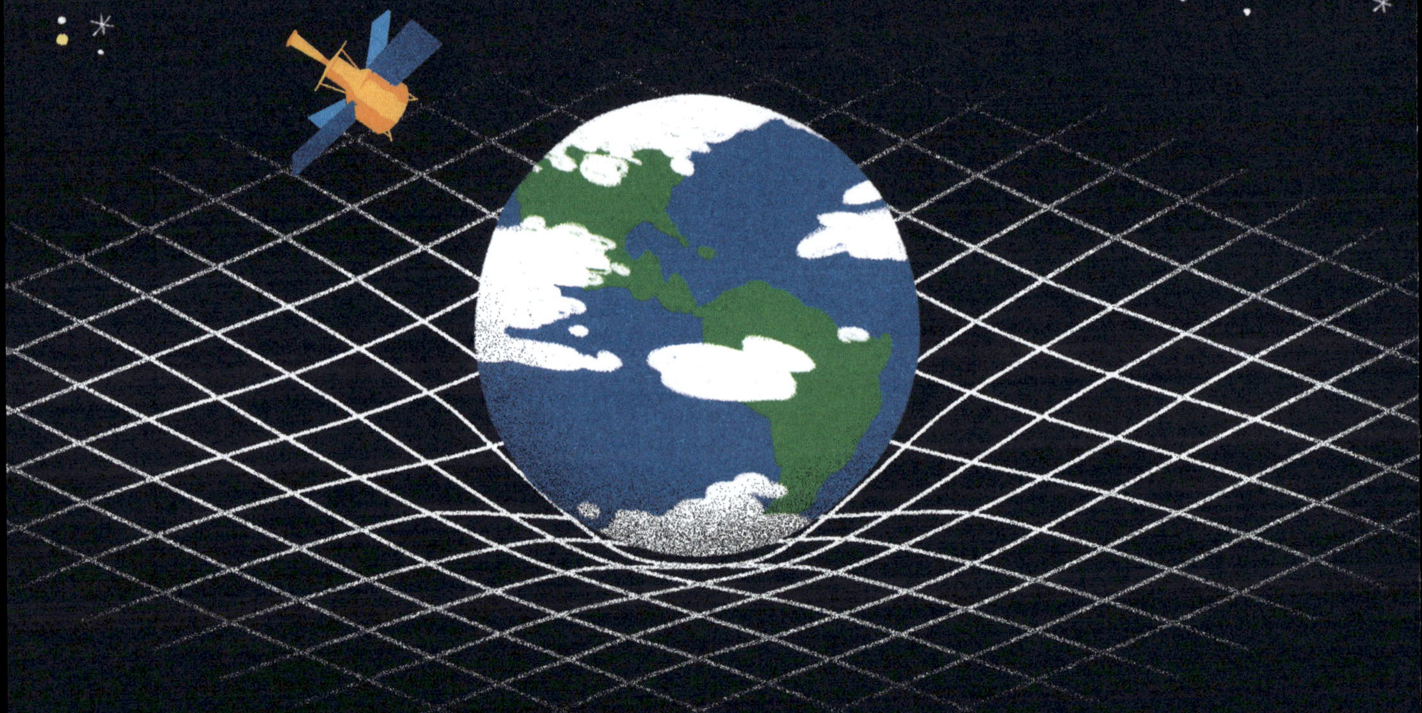

DIE RELATIVITÄT HILFT

Der Physiker Albert Einstein beschrieb in seiner Relativitätstheorie die Verformung von Raum und Zeit. Sie wird auch durch die Gravitation der Erde erzeugt und das beeinflusst die KOMMUNIKATION MIT GPS-SATELLITEN*. Würden wir die Relativitätstheorie nicht berücksichtigen, so würden wir innerhalb von 24 Stunden mehr als zehn Kilometer an unserem Ziel vorbeifahren.*

Was passiert um ein Schwarzes Loch herum?

Die Gravitation eines Schwarzen Lochs ist so stark, dass sie den Raum und die Zeit extrem verformt. Albert Einstein, der Vater der Relativitätstheorie, hat das als Erster festgestellt. Diese Verformung hängt davon ab, wie kompakt ein Körper ist – wie groß also das Volumen ist, in dem sich seine Masse konzentriert.

Die enorme Masse der Sonne (sie wiegt mehr als 300.000-mal so viel wie die Erde) steckt in einer Kugel mit einem Radius von rund 696.000 Kilometern. Das ist fast die doppelte Entfernung von der Erde bis zum Mond. Bei einem Weißen Zwerg ist die gleiche Masse in einer Kugel mit einem 100-mal kleineren Radius versammelt. Der Radius eines Neutronensterns beträgt bei gleicher Masse nur etwa zwölf Kilometer. In der Nähe eines Schwarzen Lochs ist die Verformung von Raum und Zeit so enorm, weil eine Masse wie die der Sonne in einer Kugel von nur drei Kilometern Radius versammelt ist.

ALLES IST RELATIV

Wenn wir eine Uhr nah an ein Schwarzes Loch bringen, bewegen sich ihre Zeiger langsamer. Grund dafür ist die Gravitation des Schwarzen Lochs, die nicht nur den Raum verformt, sondern auch die Zeit. Die Zeit läuft dann langsamer ab. Wenn du neben einem Schwarzen Loch wohnen würdest, dauerte ein Schuljahr ewig!

EIN TEELÖFFEL VOLL ELEFANT

Das Material eines Weißen Zwergs ist so kompakt, dass ein Teelöffel davon auf der Erde so viel wiegen würde wie ein Elefant. Ein Teelöffel voll Neutronensternmasse würde fast zehnmal so viel wiegen wie alle Menschen auf der Erde zusammen!

Sonne

Weißer Zwerg

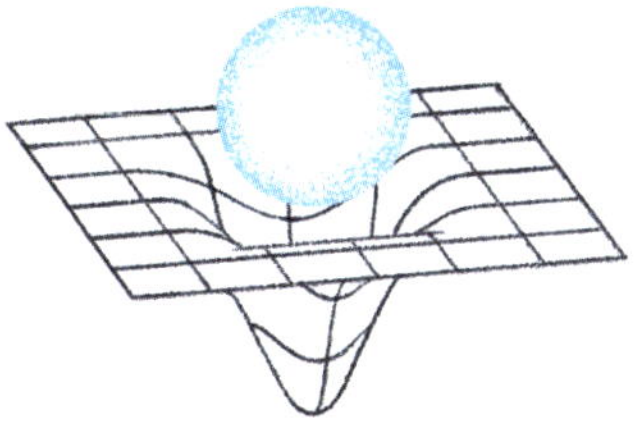

Neutronenstern

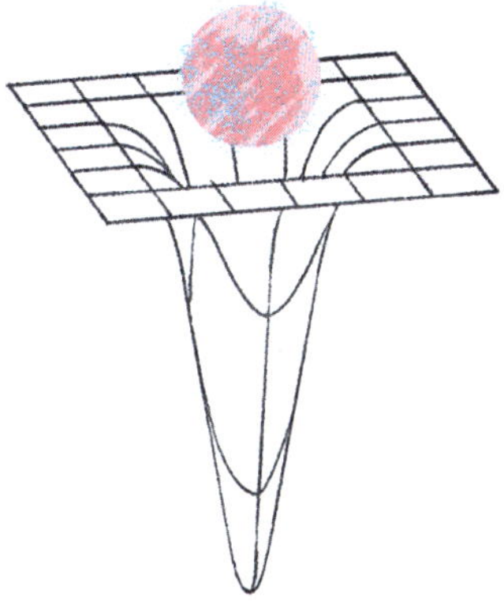

Schwarzes Loch

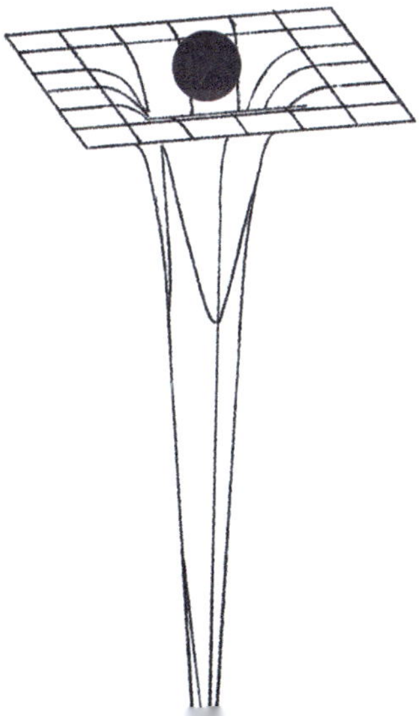

Selbermachen

WENN DER RAUM SICH KRÜMMT

Damit ich besser verstehe, was um ein Schwarzes Loch herum passiert, schlägt mir meine Schwester ein einfaches Experiment vor. Wir holen uns unterschiedlich schwere Bälle und ein Stück weichen Stoff. Aus dem schneiden wir einen Kreis mit etwa 50 Zentimeter Radius. Wir bitten einige Freundinnen, den Kreis aufgespannt festzuhalten. Der Stoff darf keine Falten haben. Du kannst auch einen Hula-Hoop als Spannrahmen zu Hilfe nehmen. Nun legen wir die Bälle auf den Stoff. Jeder Ball verformt den Stoff und bildet eine kleine Kuhle. Je schwerer der Ball ist, umso tiefer wird die Kuhle.

Dann bittet meine Schwester mich, nur die schwerste Kugel in die Mitte des Tuchs zu legen.

»Wenn ich noch eine zweite hinzulegen will, die aber nicht sofort in die Kuhle rollen soll, wie mach ich das?«, frage ich.

»Ganz einfach«, erklärt sie. »Lass die Kugel schnell außen herum kreisen, indem du ihr einen starken Schubs gibst.«

Aber es ist schwierig, die richtige Geschwindigkeit zu finden: Gebe ich der Kugel zu viel Schwung, fliegt sie davon, gebe ich ihr zu wenig, rollt sie nach wenigen Sekunden in die Mitte. Darum machen wir ein Gedankenexperiment – wir benutzen nur unsere Vorstellungskraft, um die Frage zu lösen. So etwas hat auch Albert Einstein gern gemacht. Nach einer Weile verstehe ich: Je dichter die Kugel am Loch ist, umso schneller muss sie sich darum bewegen, damit sie nicht hineinfällt.

»Aber wenn die Kugel in der Mitte des Tuchs ein Schwarzes Loch wäre, mit welcher Geschwindigkeit müsste die zweite Kugel kreisen, damit sie seiner Gravitation entkommt?«, frage ich.

»Die Gravitation eines Schwarzen Loches ist so groß, dass die Fluchtgeschwindigkeit höher sein müsste als die Lichtgeschwindigkeit. Aber im Universum gibt es nichts, das schneller ist als das Licht: Wenn also einmal etwas in ein Schwarzes Loch gefallen ist, kommt es da nicht mehr heraus. Nicht einmal ein Lichtstrahl würde das schaffen. Das heißt jedoch nicht, dass alles immer in ein Schwarzes Loch fällt: Wenn wir weit genug entfernt wären, würden wir seine Gravitation weniger spüren und bräuchten eine geringere Fluchtgeschwindigkeit, um ihr zu entkommen.«

Erinnerst du dich an GRAVITATIONSKRAFT *und Fluchtgeschwindigkeit? Alles darüber steht auf den Seiten 36 und 37. Jeder Himmelskörper übt eine Anziehungskraft aus. Diese kann nur mit einer Geschwindigkeit überwunden werden, die größer ist als seine* FLUCHTGESCHWINDIGKEIT*. Diese Geschwindigkeit beträgt für den Mond 2,4 Kilometer pro Sekunde, 11,2 Kilometer pro Sekunde für die Erde und 618 Kilometer pro Sekunde für die Sonne. Wenn wir uns einem Schwarzen Loch näherten, müsste die Fluchtgeschwindigkeit größer als die Lichtgeschwindigkeit sein, also mehr als 300.000 Kilometer pro Sekunde.*

DAS LICHT NAHE DER SCHWARZEN LÖCHER

Sterne können wir direkt sehen – Schwarze Löcher aber nicht. Um sie ausfindig zu machen, müssen wir andere Möglichkeiten nutzen. Darum beobachten wir, wie sie auf ihre Umgebung wirken. Die Schwarzen Löcher nehmen Einfluss auf die Sterne und das Gas in ihrer Nähe und das ermöglicht uns, zu berechnen, wie viel Masse sie besitzen. Die verhältnismäßig schnelle Bewegung eines Sterns und seine Umlaufbahn können uns verraten, dass er um ein Schwarzes Loch kreist.

Oft bildet sich um ein Schwarzes Loch eine Scheibe aus Gas und Staub. Das Schwarze Loch reißt diese Materie von einem benachbarten Stern wie einem Roten Riesen weg oder zieht sie aus dem Raum an. Diese Scheibe, auch Akkretionsscheibe genannt, kannst du dir wie ein Tablett vorstellen, von dem sich das Schwarze Loch seine nötige Nahrung holt, um zu wachsen. Wenn das Gas der Akkretionsscheibe angezogen wird, erhitzt es sich und strahlt Licht in unterschiedlichen Wellenlängen ab - vom sichtbaren Licht bis hin zu Röntgenstrahlen. Und genau diese Lichtwellen verraten uns, dass es dort ein Schwarzes Loch gibt.

! LICHTBLITZE IN DER MITTE DER GALAXIE

Mit dem Weltraumobservatorium NUSTAR *der NASA und dem Messinstrument* GRAVITY *auf der Erde konnten wir starke Röntgen-Blitze und Infrarotlicht einfangen, die aus der Mitte der Milchstraße kommen. Diese wichtigen Beobachtungen bestätigen, dass es im Zentrum unserer Galaxie ein supermassereiches Schwarzes Loch gibt, das Sagittarius A*. Für dessen Nachweis wurde 2020 der Nobelpreis für Physik an die Amerikanerin Andrea Ghez und den Deutschen Reinhard Genzel verliehen.*

! DER EREIGNISHORIZONT

Normalerweise ist das Licht ein Bote und versorgt uns mit Informationen. Da es aber der Schwerkraft eines Schwarzen Lochs nicht entfliehen kann, werden wir leider nie erfahren, was sich im Innern eines Schwarzen Lochs befindet. Der Bereich nahe einem Schwarzen Loch, ab dem das Licht nicht mehr entkommen kann, weil Lichtgeschwindigkeit und Fluchtgeschwindigkeit gleich sind, wird EREIGNISHORIZONT *genannt.*

EIN UNGLAUBLICHES FOTO

Im April 2019 hat ein internationales Wissenschaftsteam nach zwei Jahren Arbeit das erste Foto eines Schwarzen Lochs veröffentlicht, aufgenommen von dem Event Horizon Telescope. Aber wenn ein Schwarzes Loch kein Licht ausstrahlt, was hat das Teleskop dann eigentlich fotografiert? Zum ersten Mal waren acht Radioteleskope auf der Erde auf das Zentrum der Galaxie Messier 87 gerichtet, und so konnten wir ein Schwarzes Loch sehen, oder besser gesagt: das Licht, das die Materie in seiner Umgebung ausstrahlt. Diese Materie kreist um das Schwarze Loch, nähert sich dem Ereignishorizont und fällt dann in sein Inneres. Der schwarze Kreis in der Mitte dieses Bildes zeigt ein Schwarzes Loch – das 6,5 Milliarden Mal so viel wiegt wie die Sonne.

EINE FAST UNMÖGLICHE MISSION

Dieses Foto zu machen war kompliziert: Das Schwarze Loch hat einen Durchmesser von etwa 100 Milliarden Kilometern und ist etwa 55 Millionen Lichtjahre von uns entfernt. Das ist im Verhältnis so, als würde dieses Buch in New York im Schaufenster stehen und wir würden es uns ansehen – obwohl wir gerade in Berlin sind. Also fast unmöglich ...

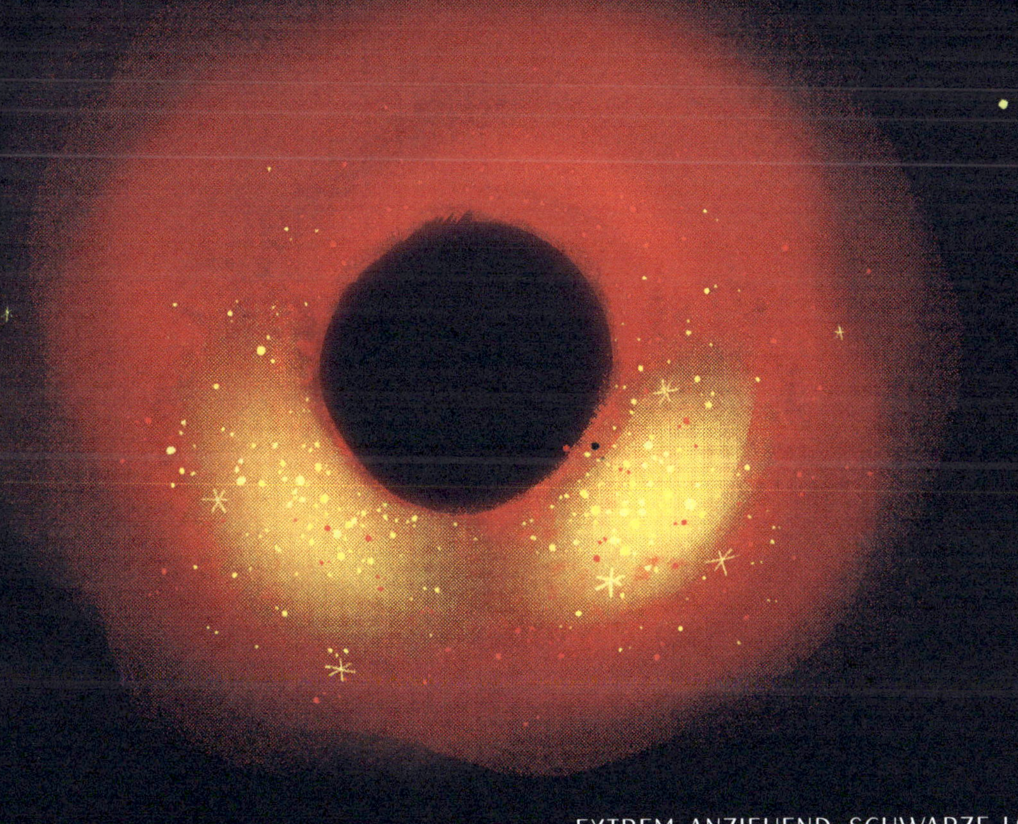

SIGNALE AUS DEM SCHWARZEN LOCH

Stell dir vor, du wirfst einen Stein in einen Teich. Sofort bilden sich Wellen auf der Wasseroberfläche. Sie breiten sich von dem Punkt, an dem der Stein ins Wasser gefallen ist, in alle Richtungen aus. Wenn sich ein sehr kompaktes Objekt wie ein Weißer Zwerg, ein Neutronenstern oder ein Schwarzes Loch schnell bewegt, passiert etwas Ähnliches: Die Raumzeit in seiner Umgebung verformt sich, fängt an zu vibrieren und stellt dabei Kräuselungen her, die sich in alle Richtungen ausbreiten. Diese Kräuselungen heißen Gravitationswellen. Sie entstehen, wenn sich die Schwerkraft eines kompakten Objekts durch seine Bewegung verändert.

EIN RUNDTANZ DER SCHWARZEN LÖCHER

So wie die Sterne können sich auch Schwarze Löcher zu Paaren zusammenfinden. In so einem Doppelsystem bewegen sie sich schnell umeinander und lassen die Raumzeit vibrieren. Dabei erzeugen sie immer größere und stärkere Gravitationswellen, während sie sich einander nähern und schließlich vereinen. Dadurch bildet sich ein größeres Schwarzes Loch. Die Gravitationswellen, die seine Geburt begleiten, können riesige Entfernungen zurücklegen. Dabei tragen sie wertvolle Informationen über dieses spektakuläre Ereignis weiter.

Bei dem Zusammenstoß von zwei Schwarzen Löchern wird in wenigen Sekunden mehr Energie freigesetzt als von allen Sterne im Universum zusammen. Dennoch sind die dabei entstehenden Gravitationswellen sehr schwach: Das liegt daran, dass für die Krümmung von Raum und Zeit wirklich enorm viel Energie benötigt wird.

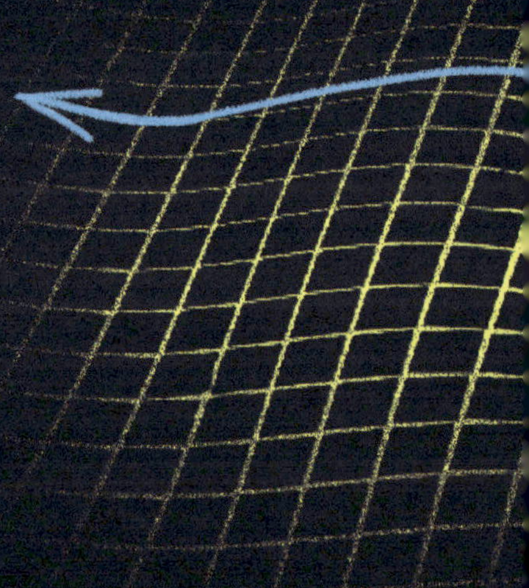

AUF DER JAGD NACH GRAVITATIONSWELLEN

Genau wie eine Welle im Meer sich in die Höhe und in die Tiefe ausbreitet, versetzt eine Gravitationswelle den Raum um uns herum in Vibrationen. Dabei verkürzt und verlängert sich die Entfernung zwischen den Objekten. Es handelt sich dabei jedoch um sehr kleine Verformungen: Eine Gravitationswelle, die den Planeten Erde trifft, verkürzt und verlängert ihn um die Größe eines Atomkerns (0,000000000000001 Meter). Albert Einstein glaubte, dass es nie möglich sein würde, die Wirkungen einer vorbeiziehenden Gravitationswelle zu messen. Obwohl es aussichtlos erschien, haben die Menschen die Jagd auf diese Wellen nie aufgegeben und immer empfindlichere Messgeräte gebaut.

EINE NOBELPREISWÜRDIGE ENTDECKUNG

Am 14. September 2015 haben die Messgeräte des Gemeinschaftsprojekts LIGO/VIRGO *zum ersten Mal* GRAVITATIONSWELLEN *erfasst, die von der Vereinigung zweier Schwarzer Löcher stammten. Ihre Massen waren ein paar Dutzend Male größer als die Masse der Sonne. Diese wichtige Entdeckung wurde durch die Arbeit von mehr als 1.300 Personen in 18 Ländern möglich. Die drei Wissenschaftler, die dieses Experiment erdacht haben, Kip S. Thorne, Rainer Weiss und Barry C. Barish, erhielten 2017 dafür den Physik-Nobelpreis. Seit 2015 wurden viele weitere Gravitationssignale eingefangen, die von Vereinigungen von Schwarzen Löchern und Neutronensternen stammten. Das LIGO/VIRGO-Projekt dauert immer noch an und liefert uns laufend neue Erkenntnisse.*

SCHWARZE LÖCHER IN ALLEN GRÖẞEN

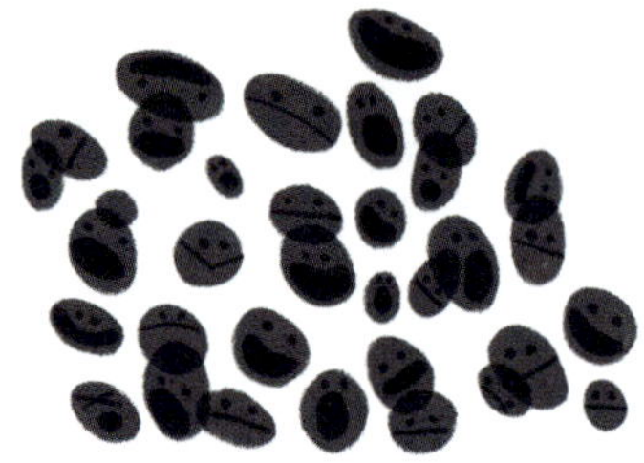

XS/S
Geringe Masse von weniger als 1 Mondmasse bis 100 Sonnenmassen

Auch Schwarze Löcher, die gerade entstanden sind, haben verschiedene Größen – das ist ein bisschen vergleichbar mit unseren Kleidern.

Es gibt die Schwarzen Mikro-Löcher, sie haben quasi die Größe XS. Ihre Masse ist viel geringer als die des Mondes und drängt sich auf einem Raum von weniger als einem Kubikmillimeter. Die Schwarzen Löcher der Größe S haben eine Masse, die ein- bis zehnmal so groß ist wie die Sonnenmasse: Sie heißen stellare Schwarze Löcher. Schwarze Löcher in den Größen M und L haben eine mittlere Masse von etwa 1.000 bis 100.000 Sonnenmassen. Schließlich gibt es noch Schwarze Löcher in XL und XXL: Das sind supermassereiche Schwarze Löcher, die sich im Zentrum einer Galaxie befinden. Ihre Masse entspricht bis zu zehn Milliarden Sonnenmassen.

M/L
Mittlere Masse von 1.000 bis 100.000 Sonnenmassen

Hungrige Schwarze Löcher

So wie wir auch brauchen Schwarze Löcher zum Wachsen etwas zu »essen«! Ein Schwarzes Loch zieht die gesamte Materie seiner Umgebung an, die seiner Gravitationskraft nicht mehr entkommen kann. Je mehr Masse ein Schwarzes Loch hat (oder je größer es ist), umso schneller wächst es. Manchmal führen diese »Fressattacken« dazu, dass die Schwarzen Löcher bis auf XL- oder XXL-Größe heranwachsen.

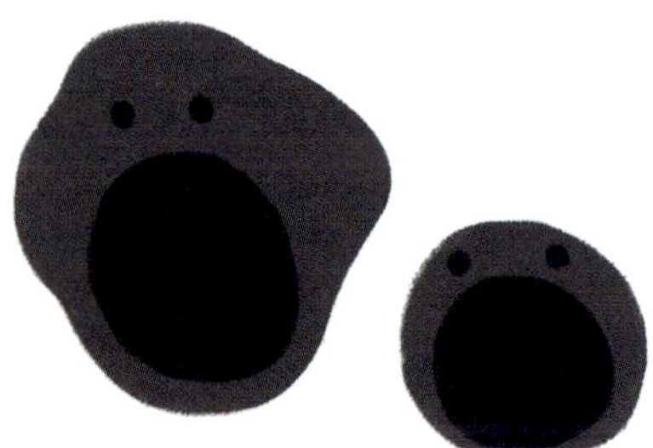

XL/XXL
Supermassereich, bis zu mehr als 30 Milliarden Sonnenmassen

! *Das am weitesten entfernte* SCHWARZE XXL-LOCH, *das wir bisher entdeckt haben, heißt J2157, ist mehr als zwölf Milliarden Jahre alt und hat eine Masse, die 34 Milliarden Mal so groß wie die Masse der Sonne ist. So ein supermassereiches Schwarzes Loch war die Inspiration für Gargantua, das Schwarze Loch in dem Film Interstellar, an dem auch der Nobelpreisträger Kip S. Thorne mitgearbeitet hat.*

ANDREA GHEZ UND EIN GALAKTISCHES SCHWARZES LOCH

In den 1970er-Jahren, als Andrea Ghez noch ein Kind war, wollte sie Ballerina werden. Doch statt zu tanzen, erforscht sie inzwischen den Tanz der Sterne in der Mitte unserer Galaxie. Seit 1995 beobachtet sie einmal im Monat mit den Teleskopen des Keck-Observatoriums, die auf dem Gipfel eines erloschenen Vulkans auf Hawaii stehen, eine kleine Sternengruppe im Sternbild des Schützen. Dabei entdeckte Andrea, dass sich diese Sterne sehr schnell bewegen. Ihre hohe Geschwindigkeit verriet ihr, dass es dort eine gigantische Masse geben muss, die vier Millionen Mal schwerer ist als unsere Sonne. Genau im Zentrum unserer Galaxie befindet sich also ein supermassereiches Schwarzes Loch! Für die Entdeckung von Sagittarius A* erhielt sie 2020 zusammen mit Reinhard Genzel den Nobelpreis für Physik.

Jede Galaxie hat ein Schwarzes Loch

Unsere Galaxie ist nicht die Einzige, die ein supermassereiches Schwarzes Loch in ihrem Zentrum hat: Es scheint, dass dies ein Merkmal aller Galaxien ist, ganz gleich, wie sie aussehen oder wie alt sie sind. Daher vermuten wir, dass Galaxien und Schwarze Löcher gleichzeitig entstehen und sich gegenseitig beeinflussen.

UNSERE GALAXIE

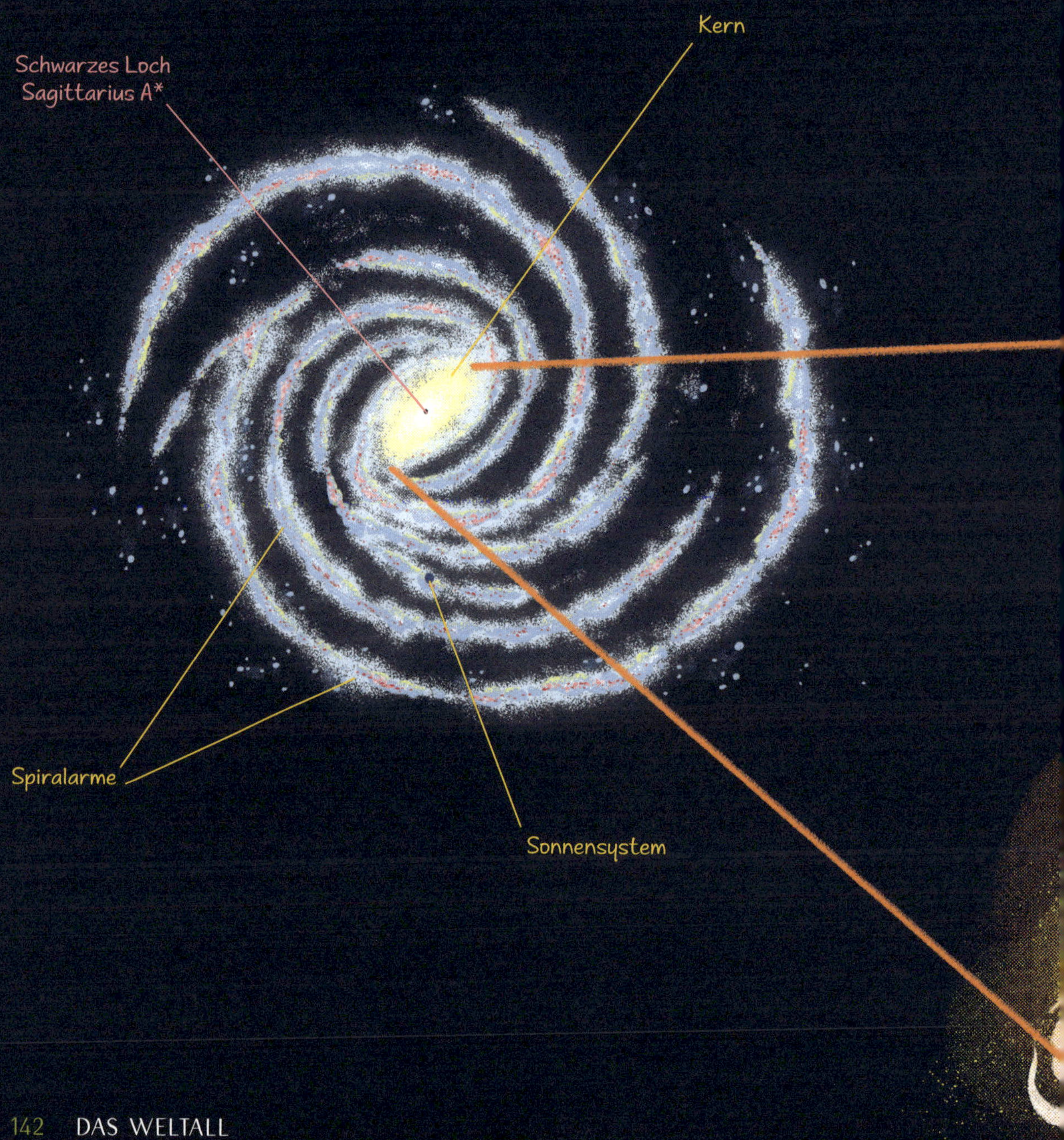

DAS PULSIERENDE HERZ EINER GALAXIE

Sobald die Materie im Zentrum einer Galaxie in ein supermassereiches Schwarzes Loch fällt, strahlt das freigesetzte Licht viel stärker als das aller Sterne der Galaxie zusammen. Ein Aufleuchten dieser Art wurde zum ersten Mal 1963 von dem Astronomen Maarten Schmidt beobachtet. Zuerst wusste er nicht, was er da sah, und taufte diese Lichtquelle »Quasar«.

Als Wissenschaftlerinnen und Wissenschaftler später endlich verstanden, dass dieses pulsierende Licht vom Kern einer Galaxie stammt, nannten sie es »Aktiver Galaxienkern« (oder AGN, vom Englischen Active Galactic Nucleus). Quasare sind eine spezielle Unterklasse dieser Lichtquellen.

! *Der erste* QUASAR *(Quasi-Stellar Radio Source, eine »sternenähnliche Radioquelle«) bekam seinen Namen, weil er wie ein punktförmiges Licht erschien, ähnlich einem Stern, aber viel heller. Sein starkes Licht strahlte er auch in Form von Radiowellen aus.*

DER WIRBELNDE TANZ DER SCHWARZEN LÖCHER

Wenn Galaxien sich einander nähern, können sie durch ihre Anziehungskraft zu einer einzigen größeren Galaxie verschmelzen. Bei diesen aufsehenerregenden Vereinigungen (über die galaktischen Umarmungen haben wir auf Seite 124 gesprochen) verteilen sich die Sterne und das interstellare Gas der beiden alten Galaxien in der gerade entstehenden Galaxie neu. Falls die Kerne der beiden Galaxien Schwarze Löcher enthalten, können auch diese sich annähern und ein Doppelsystem bilden. Durch ihren wirbelnden Tanz entstehen Gravitationswellen. Kommen sich die beiden Schwarzen Löcher nahe genug, verschmelzen sie zu einem Schwarzen Loch mit einer größeren Masse, das wiederum den Kern der neuen, größeren Galaxie bildet.

Bei diesen Vereinigungen nehmen die Schwarzen Löcher also an Größe zu. Nach einer galaktischen Umarmung befindet sich das gerade entstandene Schwarze Loch in einem Meer aus Gas, von dem es sich »ernährt«. Dann fängt das Herz der neuen Galaxie an zu glühen.

Selbermachen

FANTASIESURFEN AUF DEN GRAVITATIONSWELLEN

Wir setzen uns auf eine Wiese und stellen uns mit geschlossenen Augen die Vereinigung von zwei Schwarzen Löchern vor. Dabei surfen wir in Gedanken auf den Gravitationswellen, die beim Herumwirbeln der beiden Schwarzen Löcher entstehen. Mit Lichtgeschwindigkeit geht es in die entferntesten Ecken des Universums: Die Galaxien, deren Geburt wir beobachten, vereinen sich und wachsen. Die Schwarzen Löcher in ihrem Zentrum futtern Gas und Staub und erleuchten so für ein paar Augenblicke das All in ihrer Umgebung. Sterne wachsen, pulsieren, explodieren und schaffen herrliche Supernova-Überreste, bilden immer neue und immer schwerere Elemente. Schwarze Löcher verschmelzen und schicken Gravitationswellen aus, die neben uns herschwappen. Schließlich sehen wir die kosmische Hintergrundstrahlung durch den Raum reisen, kalt und still. Sie bringt uns das majestätische Zeugnis des ersten Lichts und des Urknalls.

Langsam verstehe ich die Leidenschaft meiner Schwester für das Universum besser. Während sie erzählt, findet in meinem Kopf ein großartiges Feuerwerk statt.

Es ist, als ob das Sonnensystem spielte:
mit erdähnlichen,
gigantischen,
felsigen,
eisigen,
gasreichen Planeten,
und dazu noch
mit Asteroiden,
Kometen,
Satelliten
und Zwergplaneten.

Es ist, als ob wir
nur mit den Augen spielten,
ohne die Hände.
Alles bewegt sich,
folgt seinem Weg am Himmel.
Es scheint ein Spiel,
aber es passiert wirklich,

und selbst du
spielst darin mit,
drehst dich um die Sonne
und staunst sprachlos
über den einzigen
blau-grünen Planeten.

Kapitel 7

WIR SIND HIER

Heute fahre ich mit meiner Schwester ans Meer. Wir haben einen Ball mitgenommen und stehen mit den Füßen im Wasser. Während wir ihn uns zuwerfen, erzählt sie mir, dass, wenn unser Ball die Sonne wäre, die anderen Planeten in unserem Sonnensystem so klein wären, dass sie alle zusammen in meine Hand hineinpassten.

»Im Vergleich zu den wundersamen Galaxien und den Schwarzen Löchern … ist das Sonnensystem da nicht total langweilig?«, frage ich.

Meine Schwester lacht und bespritzt mich mit Wasser.

»Was redest du denn da? Die Erforschung des Weltalls hat doch mit dem Sonnensystem angefangen! Heute Nacht zeige ich dir einen wunderschönen Mond - du wirst staunen.«

Wir setzen uns in den Sand und ich schließe die Augen.

Die Sonne wärmt mein Gesicht.

In Gedanken betrachte ich mich von oben, aus weiter Ferne, aus Tausenden Kilometern Entfernung, wie ich gerade auf diesem Planeten sitze, zusammen mit den anderen Menschen, und um einen riesigen Stern im All kreise.

Mein Herz hüpft.

UNSER SONNENSYSTEM

Das Sonnensystem besteht aus allen astronomischen Körpern, die mit der Sonne durch Gravitationskraft verbunden sind. Diese Körper kreisen auf einer Umlaufbahn (Orbit) um das Zentrum des Systems, das (fast!) dem Kern der Sonne entspricht. Die Geschwindigkeit, mit der sich ein Planet auf seiner Umlaufbahn bewegt, hängt von seiner Entfernung zur Sonne ab: Um nicht vollständig von ihr angezogen und verschlungen zu werden, müssen die Planeten, die ihr am nächsten sind, schneller um sie kreisen als die Planeten, die weiter von ihr entfernt sind. Zu den wichtigsten Himmelskörpern gehören vier erdähnliche Planeten und vier riesige Gasplaneten, außerdem gesellen sich noch kleinere Körper wie Asteroiden, Meteoroiden und Kometen dazu.

! DIE KOPERNIKANISCHE REVOLUTION

Einst glaubten die Menschen, dass die Erde das Zentrum des Universums sei und Sonne, Sterne, Planeten und alle anderen Körper im All um sie kreisen würden. Das war das so genannte geozentrische oder ptolemäische Weltbild (benannt nach dem Astronomen Claudius Ptolemäus, der im 2. Jahrhundert nach Christus als Erster diese These aufstellte). Im 16. Jahrhundert mischte NIKOLAUS KOPERNIKUS *die Karten jedoch neu: Seiner Meinung nach stand die Sonne im Zentrum des Sonnensystems. Und heute wissen wir, dass er recht hatte. Seitdem sprechen wir auch von der »Kopernikanischen Wende«.*

! DER ZURÜCKGESTUFTE PLANET

Ein echter Planet muss nicht nur um seinen Stern kreisen und eine fast perfekte Kugelform haben, er muss auch fähig sein, mit Hilfe seiner Gravitationskraft kleinere Himmelskörper anzuziehen und so seine Umlaufbahn freizuräumen. PLUTO *erfüllt diesen letzten Punkt nicht, und daher hat ihn die Internationale Astronomische Union am 24. August 2006 zum Zwergplaneten zurückgestuft.*

! *AE steht für* ASTRONOMISCHE EINHEIT. *Diese Maßeinheit entspricht 149.600.000 Kilometern, nämlich der mittleren Entfernung zwischen Erde und Sonne.*

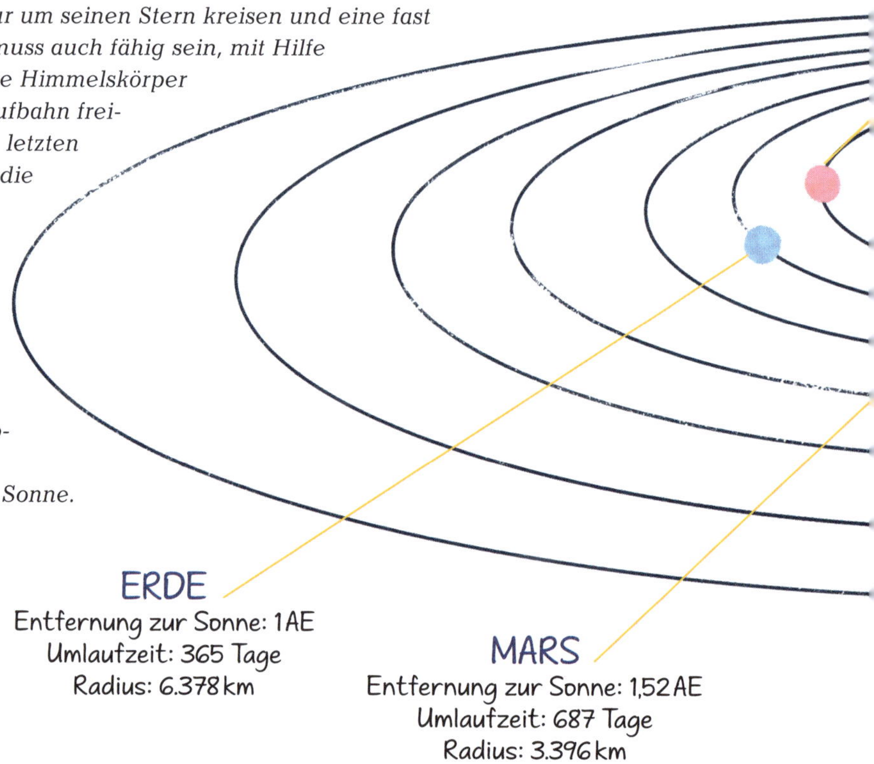

DIE KLEINEREN HIMMELSKÖRPER IM SONNENSYSTEM

Außer den acht Planten gibt es in unserem Sonnensystem eine Vielzahl von kleineren Himmelskörpern, die um die Sonne kreisen: die Asteroiden. Wir kennen derzeit mehr als eine Million von ihnen. Wenn ein Asteroid die Erdatmosphäre durchbricht, wird ein Teil seiner Materie abgesprengt und verglüht. So entsteht ein wunderschöner Schweif, den wir mit bloßem Auge erkennen können. Wenn du so eine Sternschnuppe siehst, wünsch dir was! Manchmal übersteht ein Teil des Asteroiden den Sturz durch die Atmosphäre und schlägt als Meteorit auf der Erde ein.

Kometen sind Asteroiden, die hauptsächlich aus Eis bestehen; sie werden auch »schmutzige Schneebälle« genannt. Gelangt ein Komet in die Nähe der Sonne, schmilzt durch ihre Hitze das Eis und wird als Gas weggeblasen. So entstehen Kopf und Schweif des Kometen.

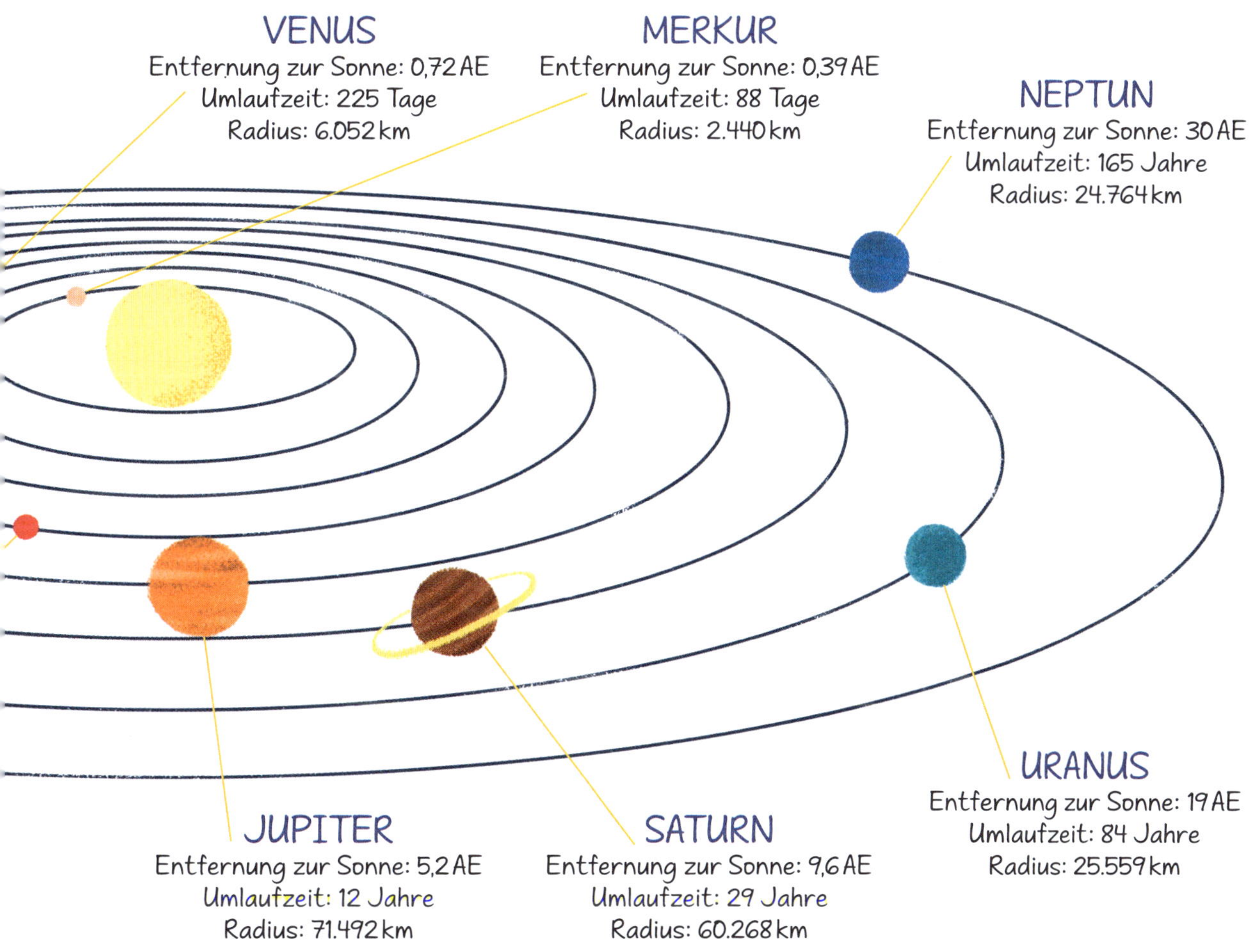

Selbermachen

DREH DICH

»Warum müssen die Planeten im Sonnensystem um die Sonne kreisen, damit sie nicht in sie reinfallen?«, frage ich meine Schwester.

»Weil ihre Kreisbewegung gegen die Gravitationskraft wirkt«, erklärt sie mir. »Machen wir ein Experiment«, fährt sie fort und zieht einen Korken und einen Faden von etwa einem Meter Länge aus ihrer Tasche.

Sie bindet den Korken an den Faden. Diesen fasse ich in der Mitte und lasse den Korken in der Luft kreisen. Mache ich diese Bewegung zu langsam, erschlafft der Faden und der Korken fällt nach unten. Wenn ich schnell genug schleudere, spannt sich der Faden und der Korken fliegt. Greife ich das Band weiter hinten, kann ich langsamer schleudern, ohne dass der Korken hinunterfällt. Je kürzer der Faden ist, umso schneller muss ich schleudern.

Mit den Planeten im Sonnensystem ist es ähnlich: Sie werden natürlich nicht von einem Band, sondern von der Gravitation auf ihrer Bahn gehalten. Die inneren Planeten wie Merkur müssen sich schneller um die Sonne drehen, um nicht hineinzustürzen. Die äußeren Planeten, zum Beispiel Neptun, können sich langsamer um sie herumbewegen.

❗ *Die* GRAVITATIONSKRAFT *verursacht auch die Gezeiten: Der Mond zieht große Wassermassen auf der Erde an und so entstehen Ebbe und Flut. In der Bay of Fundy in Kanada beträgt der Tidenhub, also der Unterschied zwischen dem niedrigsten und dem höchsten Wasserstand, im Schnitt 13 Meter und gehört zu den größten der Welt.*

Auf einem Boot,
auf dem Kopf eines Falken
oder auf einer Kutsche
entflammt sie
wie eine riesige Laterne,
oder steigt aus einem Zelt,
aus einer Höhle
oder vom Meeresgrund auf
als Mann, als Frau
oder als neugeborenes Kind.

Hallo, Sonne,
auch heute bist du aufgegangen!

Du bist Sas, Ra, Eos, Tonatiuh, Sol,
Amaterasu, Itzamná, Helios,
Apoll

und trägst
in den alten Legenden der Welt
noch viele andere Namen.

Heute bist du
ein Stern, leuchtendes Gas,
Helium plus Wasserstoff und Gravitationskraft.

Und je besser wir dich kennen,
umso heller strahlt
deine Königinnenwürde.

DIE SONNE

Die Sonne ist die Königin des Himmels. Am Tag erleben wir ihre ganze Kraft. Dank ihres Lichts bilden die Pflanzen durch Photosynthese Sauerstoff und schaffen so die notwendigen Nährstoffe, die sie zum Wachsen brauchen.

Die Sonne ist der Stern, der der Erde am nächsten ist. Sie ist unsere Energiequelle. Und diese Energie stammt aus ihrem Innern, wo ihre dichte Masse in Verbindung mit sehr hohen Temperaturen Kernreaktionen auslöst. So verwandelt sie Wasserstoff in Helium und setzt eine riesige Menge dieses Gases in Form von Licht und Teilchen frei, darunter die Neutrinos.

Die Oberfläche der Sonne ist von so genannten Sonnenflecken bedeckt. Das sind Bereiche, in denen es kälter ist als im Durchschnitt. Zudem finden auf ihr sehr heftige Explosionen statt, die die Energie von einer Milliarde Atombomben freisetzen.

Gute Reise, Neutrinos

In jeder Sekunde wird unser Körper von Milliarden Neutrinos durchdrungen. Sie kommen von der Sonne, durchqueren das All und die Atmosphäre und treffen dann auf unseren Planeten. Neutrinos sind Elementarteilchen (d. h., sie können nicht weiter zerlegt werden), die sehr schwer zu erfassen sind: Fast so schnell wie das Licht passieren sie Berge und Ozeane, winken dem Erdkern zu und … kommen auf der anderen Seite der Erde wieder heraus und flitzen weiter durch das Weltall.

Weißt du noch, was KERNREAKTIONEN *sind? Auf Seite 92 kannst du es nachlesen.*

DIE UMGEBUNG DER SONNE

Die Erde bewegt sich um die Sonne auf ihrer festen Umlaufbahn. Für eine Runde um die Sonne (einen Erdumlauf) braucht die Erde 365 Tage und sechs Stunden. Diese sechs Stunden sind der Grund, warum es alle vier Jahre einen zusätzlichen Tag im Kalender gibt, nämlich den 29. Februar. Das entsprechende Jahr ist ein so genanntes Schaltjahr.

Neben der Bewegung um die Sonne dreht sich die Erde zusätzlich innerhalb von 24 Stunden auch noch um ihre eigene Achse: Auf dem sonnenzugewandten Teil der Erde ist jeweils Tag, auf der sonnenabgewandten Seite Nacht. Die Rotationsachse der Erde liegt zwischen zwei Punkten, den Polen. Sie steht jedoch nicht gerade auf der Erdumlaufbahn, sondern ist um 23,5 Grad geneigt. Diese schräge Stellung führt dazu, dass es bei uns Jahreszeiten gibt: Es ist Sommer, wenn die Achse sich zur Sonne neigt, und Winter, wenn sie von der Sonne wegzeigt.

DER ERDUMLAUF UND DIE JAHRESZEITEN

Sonnenwende und Tag-Nacht-Gleiche bilden den Übergang von einer Jahreszeit zur nächsten. Die SOMMERSONNENWENDE markiert den längsten Tag des Jahres, die WINTERSONNENWENDE den kürzesten. Bei den TAG-NACHT-GLEICHEN dauert der Tag genauso lang wie die Nacht.

Stell dir vor, unser Planet wäre in zwei Hälften geteilt: in die Nordhalbkugel und die Südhalbkugel. Der Äquator ist die Linie, die die beiden Hälften trennt. Wenn du auf der Nordhalbkugel wohnst, fallen dir bei dem Wort Weihnachten wahrscheinlich Kälte und Schnee ein. Doch auf der Südhalbkugel ist das anders. Wer in Australien wohnt, denkt bei Weihnachten vermutlich an Strand und ein Bad im Meer!

! *Die einzelnen Jahreszeiten beginnen, astronomisch gesehen, an ganz bestimmten Tagen zu ganz bestimmten Uhrzeiten: an den Sonnenwenden und den Tag-Nacht-Gleichen. Die Uhrzeit verschiebt sich jedes Jahr um etwa sechs Stunden nach hinten: Darum verschiebt sich das Datum einer Sonnenwende oder einer Tag-Nacht-Gleiche in manchen Jahren. Aus diesem Grund fügen wir alle vier Jahre im Februar einen Tag hinzu, damit die »Rechnung wieder stimmt«. Die Sommersonnenwende kann am 20. oder 21. Juni sein, die Tag-Nacht-Gleiche im Herbst am 22. oder 23. September. Um herauszufinden, wann eine neue Jahreszeit beginnt, können wir im* ASTRONOMISCHEN KALENDER *nachsehen.*

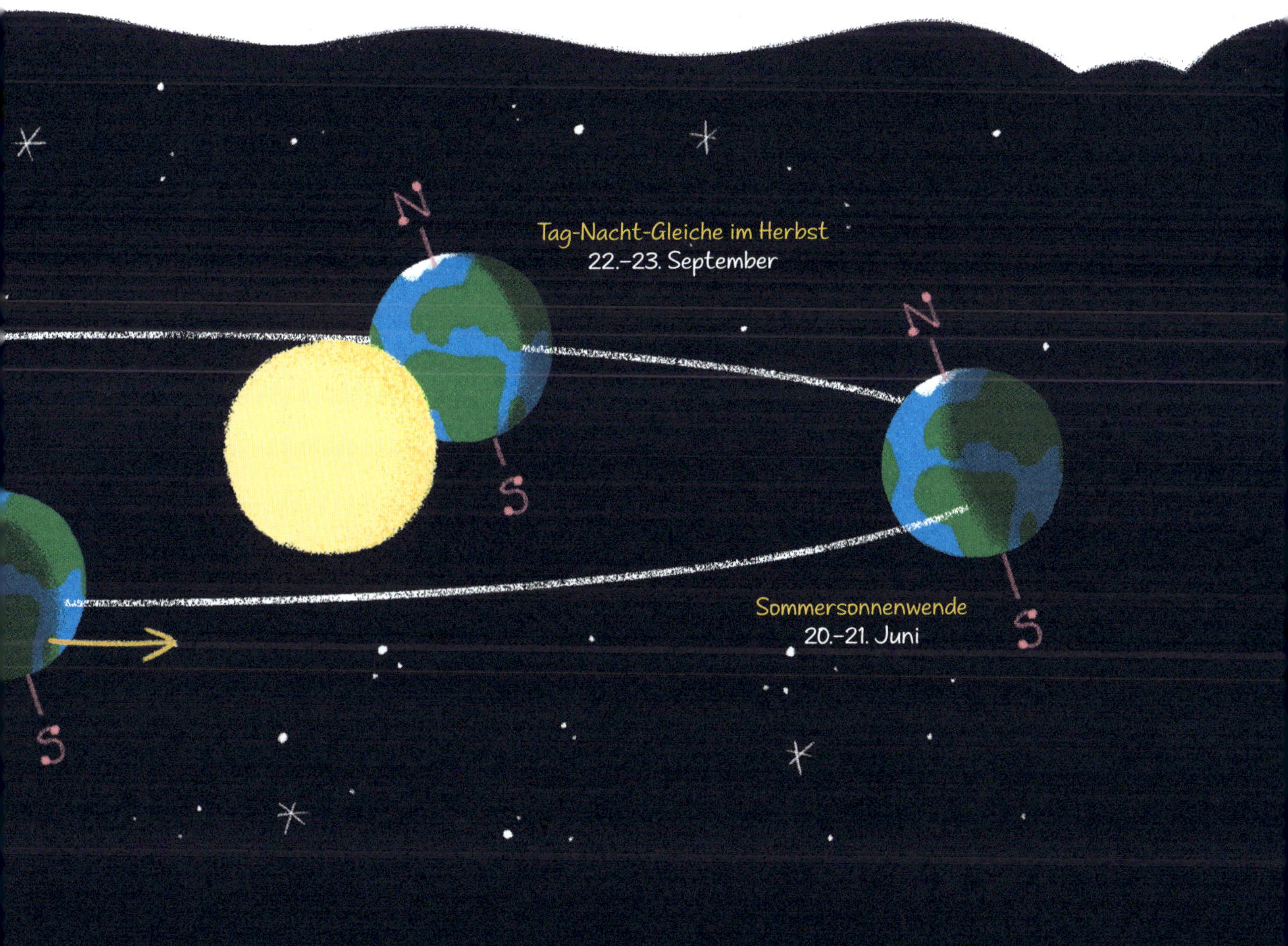

Legenden

DIE GEBURT DER SONNE

Vor langer Zeit lebte auf einer kahlen Lichtung Pom Pokaila, eine alte Frau, die sich von bitteren Wurzeln ernährte. Eines Tages hob Pom Pokaila einen trockenen Erdbrocken hoch und entdeckte darunter einen starken, langhaarigen Jungen, der völlig mit Erde bedeckt war. In dem Moment erschütterte ein Donnerschlag den Himmel und verkündete die Geburt von Tulchuherris.

»Dort drüben wohnt Sas«, sagte Pom Pokaila zu Tulchuherris und zeigte nach Osten. »Sas ist ein großer, mächtiger Mann und besitzt als Einziger das ewige Feuer. Vor langer Zeit brach mein Volk nach Osten auf und suchte ein bisschen Licht und Wärme für die Erde, aber keiner ist je zurückgekehrt.«

Tulchuherris nahm den Schwanz eines Fuchspelzes und fertigte ein Stirnband daraus. Er sammelte weiße Quarzsteine und machte daraus einen Haarreif. Dann lief er los und suchte nach dem ewigen Feuer. Nach vielen Tagen der Wanderschaft erreichte Tulchuherris die Wohnstatt von Sas.

»Ich fordere dich heraus, großer, mächtiger Sas!«, rief er. Im blühenden Garten von Sas' Anwesen stand ein hoher und biegsamer Baum. Sas versuchte, Tulchuherris zu entkommen, und kletterte rasch auf den Baum. Als er in der Baumkrone ankam, bog Tulchuherris den Baumstamm herab und schleuderte Sas hoch in den Himmel, wobei dieser sich teilte.

Tulchuherris warf ihm triumphierend den Fuchsschwanz und den Quarzreif hinterher und rief: »Jetzt bist du zweigeteilt, großer, mächtiger Sas. Der größere Teil von dir wird die Sonne. Jeden Tag wirst du dich dem ewigen Feuer nähern und dich wärmen. Der rote Pelz des Fuchses wird als Sonnenaufgang deinen Reisebeginn im Osten verkünden. Wenn du den Westen erreichst, kannst du dich ein bisschen ausruhen. Dann wird dein kleinerer Teil, der Mond, den Himmel mit dem Licht der Quarze erhellen. Du wirst ohne Unterlass reisen. Alle Lebewesen werden dich am Himmel strahlen sehen: Sie werden dein Licht genießen, deine Wärme und die Schönheit des Mondes. Du wirst sehen, was auf der Erde passiert, aber du wirst für immer allein sein.«

ERDÄHNLICHE PLANETEN

Merkur, Venus, Erde und Mars sind die so genannten inneren Planeten, weil sie näher am Mittelpunkt des Sonnensystems liegen. Sie werden auch felsige, terrestrische oder tellurische Planeten genannt, weil sie im Unterschied zu den gashaltigen Giganten eine feste Oberfläche besitzen und der Erde ähneln: Terra und Tellus sind lateinische Namen für unseren Planeten.

Der Planet Erde ist besonders und vermutlich einzigartig. Von den Planeten unseres Sonnensystems ist er der einzige, auf dem es Leben gibt, so wie wir es kennen. Die Erdoberfläche ist zu 71 Prozent mit flüssigem Salzwasser bedeckt. Außerdem gibt es die Atmosphäre, die für uns sehr wertvoll ist. Sie schützt uns vor gefährlicher Strahlung und kleinen Meteoroiden. Dank des Sauerstoff in ihr können wir atmen.

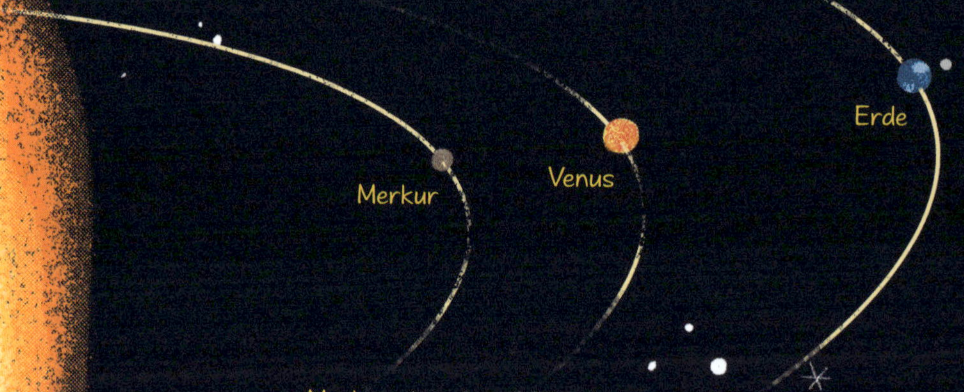

Merkur ist der kleinste Planet im Sonnensystem. Seine Schwerkraft ist so gering, dass er selbst Gasmoleküle nicht halten kann. Daher gibt es um ihn keine Atmosphäre. Er ist der innerste Planet, ist also der Sonne am nächsten. Durch das Fehlen einer Atmosphäre und die Nähe zur Sonne schwankt seine Oberflächentemperatur stark. Am Tag ist es dort 430 °C heiß und in der Nacht minus 170 °C kalt. Merkur hat keinen Mond – ebenso ist es bei der Venus.

Venus strahlt so hell, dass wir sie manchmal sogar am Tag sehen können. Sie ist in eine dichte Atmosphäre aus Kohlenstoffdioxid und Schwefelsäurewolken gehüllt, die für die Menschen sehr giftig sind. Auf diesem Planeten unterscheiden sich die Temperaturen am Tag kaum von denen bei Nacht.

Lange Zeit haben Science-Fiction-Fans auf dem Mars, dem roten Planeten, eine außerirdische Zivilisation vermutet. 1965 flog die erste Sonde am Mars vorbei. Mariner 4 entdeckte zwar keine Anzeichen von Leben, dafür aber Spuren, dass es vor langer Zeit einmal Wasser auf dem heute trockenen Planeten gegeben haben könnte. Im Juli 2018 wurde dann sogar ein Salzwassersee unter der Eiskappe des Mars-Südpols gefunden. Obwohl die Temperatur dort sehr niedrig ist, ist das Wasser nicht gefroren, sondern flüssig: Die Salze im See wirken wie das Frostschutzmittel im Kühler eines Autos.

❗ *Die Legende, dass auf dem MARS jemand lebt, hat seinen Ursprung in einem Übersetzungsfehler: Der Astronom Giovanni Schiaparelli entdeckte 1877 auf der Marsoberfläche natürliche Rinnen. Sie wurden fälschlicherweise mit dem Wort »canals« ins Englische übersetzt. Der Begriff »canal« bedeutet »Kanal«. Das jedoch ist ein künstliches Bauwerk, das irgendjemand geschaffen hat. Die passenden Wörter zu verwenden, ist sehr wichtig!*

DIE RIESENPLANETEN

Sie unterteilen sich in zwei Unterklassen: die Gasriesen (Jupiter und Saturn), die zum größten Teil aus Wasserstoff und Helium bestehen, und die Eisriesen (Uranus und Neptun), die sich aus Wasser, Ammoniak und Methan zusammensetzen.

❗ *Um Jupiter kreisen* 79 MONDE*: Seine Satelliten sind von der Erde aus gut sichtbar, sogar mit kleinen Teleskopen. Vier dieser Monde hat Galileo Galilei 1610 entdeckt.*

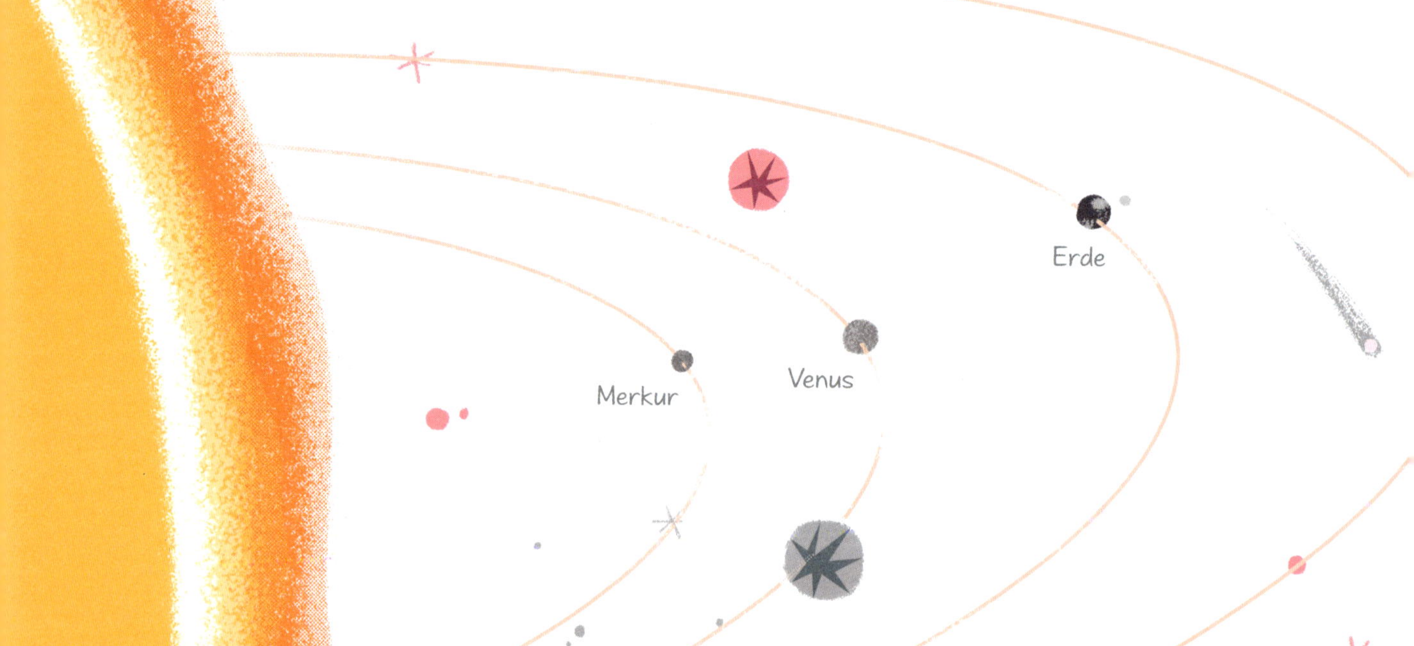

Jupiter ist der größte Planet im Sonnensystem und der dritthellste. Wie Saturn und Uranus ist er von einem Ringsystem umgeben, das in einer klaren Nacht sogar mit bloßem Auge sichtbar ist. Durch ein gutes Fernglas kannst du die farbigen Ringe erkennen. Sie bestehen aus Wolken, die horizontal um Jupiter verlaufen und von heftigen Winden mit einer Geschwindigkeit von 600 Kilometern pro Stunde angetrieben werden. Ab und zu bilden sich Wirbelstürme, darunter der Große Rote Fleck, der mit 16.500 Kilometern größer ist als der Durchmesser der Erde (12.742 km). Dieser größte Sturm im Sonnensystem wütet schon seit mehr als 300 Jahren. Der längste Zyklon auf der Erde dauerte 1994 gerade einmal 31 Tage!

Neptun ist der achte Planet im Sonnensystem und am weitesten von der Sonne entfernt. Seine Atmosphäre besteht aus gefrorenem Wasser, Ammoniak und Methan. Das Methan gibt dem Neptun seine typische hellblaue Farbe.

Die Ringe des Saturn bestehen aus Myriaden von EISBROCKEN UND STAUB. *Sie haben einen Durchmesser von bis zu einer Million Kilometer, sind jedoch nur zehn bis 100 Meter dick. Wir wissen noch nicht, wie sie sich gebildet haben, aber wir vermuten, dass sie in weniger als 300 Millionen Jahren verschwinden und auf die Oberfläche des Planeten als Hagel niedergehen werden. Danach würde Saturn ein Planet ohne Ringe sein.*

Mars

Saturn galt seit der Antike lange als der entfernteste Planet. Er ist berühmt für seine majestätischen Ringe. Sie reflektieren das Licht der Sonne und tragen dadurch zum Strahlen des Planeten bei.

Uranus ist der erste Planet, der in der Neuzeit entdeckt wurde. Allerdings wurde er nicht gleich als solcher erkannt: Erst hielten ihn die Menschen viele Jahre lang für einen Stern, dann für einen Kometen.
Am Ende des 18. Jahrhunderts bemerkte die Wissenschaft, dass Uranus' Umlaufbahn etwas Merkwürdiges aufwies – es schien, als würde er von der Gravitationskraft eines anderen, versteckten Planeten angezogen. Aufwendige theoretische Berechnungen über die Position des geheimnisvollen Planeten ergaben mit überraschender Genauigkeit die Koordinaten von Neptun, der dann erst Mitte des 19. Jahrhunderts entdeckt wurde.

UNTER BESONDERER BEOBACHTUNG

Im Laufe von Jahrmillionen haben verschiedene Asteroiden die Erde getroffen. Zwei gingen vor gar nicht so langer Zeit in Russland nieder. 1908 schlug ein Asteroid mit 40 Metern Durchmesser in den Wäldern Sibiriens ein. 2013 fiel ein Meteor (19 Meter Durchmesser) auf die Stadt Tscheljabinsk. In Arizona, USA, hinterließ vor etwa 50.000 Jahren ein Meteorit mit einem Durchmesser von 45 Metern einen Krater.

Heutzutage werden alle Asteroiden, die größer als 50 Meter im Durchmesser sind, rund um die Uhr von mehreren Observatorien auf der ganzen Welt überwacht. Die Asteroiden, die der Sonne am nächsten kommen (näher als 1,3 AE), kreuzen die Umlaufbahn der Erde und könnten tatsächlich mit unserem Planeten zusammenstoßen. Wir nennen diese Objekte NEO, vom Englischen »Near-Earth Objects«, erdnahe Objekte. Die größten von ihnen könnten gefährlich werden, wenn sie auf die Erde treffen.

Hau bloß ab

Daher haben Wissenschaftlerinnen und Wissenschaftler verschiedene Möglichkeiten erarbeitet, wie wir uns vor einem möglichen Zusammenstoß mit Riesen-Asteroiden schützen können, beispielsweise durch den Einsatz von Sprengstoff oder gar Atombomben. Die beste Lösung jedoch benötigt keine Bomben, sondern besteht darin, die Asteroiden umzuleiten, sie also im All zu verschieben, indem wir ihre Geschwindigkeit und ihre Flugbahn etwas beeinflussen, sodass sie auf ihrem Weg der Erde nicht in die Quere kommen. Asteroiden und Kometen sind Objekte, die nur zu bestimmten Zeiten an der Erde vorbeifliegen, manchmal liegen Jahre oder sogar Jahrhunderte dazwischen.

! *Wir haben mehr als eine Million* ASTEROIDEN *entdeckt, von denen rund 25.000 zu den NEO gehören. Der größte bis heute entdeckte ist 1036 Ganymed mit einem Durchmesser von 32 Kilometern.*

! GRAVITATIONSTRAKTOR
Eine der Ideen, um uns vor möglichen gefährlichen Asteroiden zu schützen (den größten), sieht vor, eine große Raumsonde in die Nähe des Asteroiden zu schicken. Die Gravitationskraft, die die Raumsonde auf den Asteroiden ausüben würde, könnte seine Flugbahn verändern und ihn von der Erde ablenken.

Richtige Berechnungen sind wichtig

Der Asteroid 99942 Apophis hat die Wissenschaftler und Wissenschaftlerinnen ganz schön in Aufregung versetzt. Sie überwachen ihn streng, weil die Gefahr besteht, dass er mit der Erde zusammenstoßen könnte. Er wurde 2004 entdeckt und ist neun Jahre später in 14,5 Milliarden Kilometern Entfernung an uns vorbeigeflogen. Bei dieser Gelegenheit hat das Herschel-Teleskop ihn fotografiert, und wir konnten seinen Durchmesser ermitteln: etwa 325 Meter.

Bei seinem nächsten Vorbeiflug im Jahr 2029 soll er sich der Erde auf 38.000 Kilometer nähern und 2036 sogar noch näher an uns vorbeifliegen. Nach jahrelangen Forschungen und Berechnungen haben wir aber festgestellt, dass Apophis sehr wahrscheinlich nicht mit der Erde zusammenstößt (bei einer ersten Schätzung gingen wir von einer Wahrscheinlichkeit von 1 zu 37 aus, jetzt von 1 zu 110.000).

! UND DIE DINOS?

Sind sie wirklich wegen eines Asteroiden-Einschlags ausgestorben? Lange glaubten wir, dass die Dinos durch die Aktivitäten von Vulkanen ausgestorben sind. Doch es weist immer mehr darauf hin, dass vor 66 Millionen Jahren der Einschlag eines riesigen Asteroiden in Mexiko der Grund dafür gewesen ist. Dort hat der Asteroid einen Abdruck hinterlassen: den Chicxulub-Krater. Er hat einen Durchmesser von etwa 180 Kilometern.

! *Am 1. Januar 2019 erreichte die Raumsonde New Horizons den Asteroiden* ULTIMA THULE *– den erdfernsten Himmelskörper, den bislang eine Sonde überflogen hat. Ultima Thule hat ihren Namen vom römischen Dichter Vergil. In seinem Werk* Georgica *taufte er die entfernteste bekannte Welt auf diesen Namen. Dieser Asteroid besteht eigentlich aus zwei Asteroiden, die an einer Stelle verbunden sind. Die daraus entstandene Form ist sehr speziell: Manche erinnert sie an eine Hantel.*

Es fällt kein Regen, es weht kein Wind.
So bleibt dieser Fußabdruck
Jahrmillionen
unverändert
auf dem weißen Mond
und wird nie vergehen.

Deine Erforschung, Mond,
lässt mein Herz höherschlagen!

DER MOND

Ein Himmel voller Sterne lädt uns zum Träumen ein, dabei gibt es ganz in unserer Nähe etwas wirklich Außergewöhnliches. In einer Vollmondnacht kannst du nämlich den einzigen natürlichen Satelliten der Erde hervorragend beobachten. Schon mit einem einfachen Fernglas erkennst du seine Oberfläche, seine Krater und die weiten Ebenen.

Aufgrund des Phänomens der gebundenen Rotation zeigt uns der Mond immer dieselbe Seite. Die Geheimnisse seiner dunklen Seite, die wir von der Erde aus nicht sehen können, wurden aber bereits Ende der 1950er-Jahre bei den ersten Weltraumerkundungen gelüftet. Trotzdem wissen wir immer noch nicht alles über den Mond. Wir vermuten zwar vieles, aber es ist immer noch ein Geheimnis, warum es den Mond überhaupt gibt.

➔ *Mehr über die* GEBUNDENE ROTATION *findest du auf Seite 174.*

WIE IST DER MOND ENTSTANDEN?

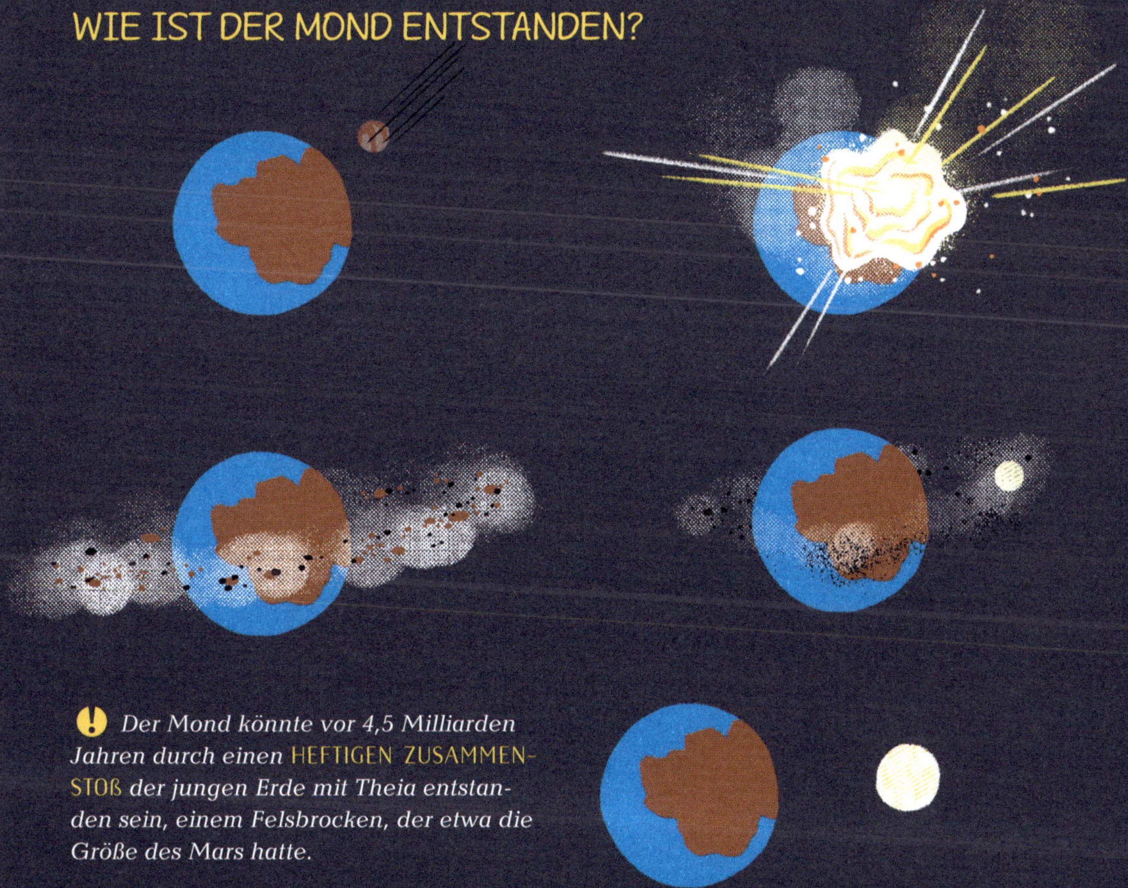

❗ *Der Mond könnte vor 4,5 Milliarden Jahren durch einen* HEFTIGEN ZUSAMMENSTOẞ *der jungen Erde mit Theia entstanden sein, einem Felsbrocken, der etwa die Größe des Mars hatte.*

VOLLMOND UND NEUMOND

Wenn wir den Mond von der Erde aus betrachten, stellen wir fest, dass er ständig anders aussieht: Manchmal strahlt er voll und rund, zu anderen Zeiten ist er gar nicht zu sehen, danach erscheint er wie eine Sichel, ein Halbkreis oder ein misslungenes Oval.

Diese Veränderungen stellen die so genannten Mondphasen dar. Sie hängen von der Stellung des Mondes zur Erde und zur Sonne und den Bewegungen dieser Himmelskörper ab.

Genau wie die Erde sendet auch der Mond kein eigenes Licht aus, sondern seine sichtbare Seite reflektiert das Sonnenlicht.

Wie wir bereits wissen, wandert die Erde um die Sonne (Erdumlauf) und dreht sich dabei um sich selbst (Erdrotation). Der Mond folgt der Erde auf ihrer Umlaufbahn um die Sonne. Gleichzeitig kreist er dabei um die Erde und dreht sich um sich selbst. Der Mond kann sich also zwischen Erde und Sonne schieben, sich auf der sonnenabgewandten Seite der Erde oder neben der Erde befinden.

Denken wir uns eine Verbindungslinie zwischen dem Mittelpunkt der Erde und dem der Sonne. Wenn der Mond sich auf dieser Linie befindet, stehen die drei Himmelskörper in einer Reihe, in einer so genannten Konjunktion. Befindet sich der Mond zwischen Sonne und Erde, ist seine beleuchtete Oberfläche für uns nicht zu sehen, und es scheint, als wäre er nicht da. Diese Mondphase heißt Neumond und markiert den Beginn des Mondphasenzyklus.

Mit jedem Tag entfernt sich der Mond immer weiter von dieser Linie, und wir können ihn wieder sehen: Am ersten Tag ist er nur eine ganz dünne Sichel, die mit der Zeit immer dicker wird, bis der Halbmond erreicht ist. In dieser Phase sprechen wir vom zunehmenden Mond oder ersten Viertel.

Der Mond wandert auf seiner Umlaufbahn um die Erde weiter, und sobald er die Hälfte zurückgelegt hat, befindet sich die Erde zwischen Mond und Sonne. Das ist die Phase des Vollmonds: Jetzt sehen wir die gesamte Oberfläche des angestrahlten Mondes!

Danach beginnt die Phase des abnehmenden Mondes, das letzte Viertel. Die beleuchtete Fläche wird immer kleiner und nimmt wieder die Formen an, die der Mond vor dem Vollmond hatte: Er wird zum Halbmond, wird dann zur Sichel und wieder zum Neumond. Und ein neuer Mondphasenzyklus beginnt.

Nur fast in einer Linie

Da diese Grafik nicht dreidimensional ist, sieht es so aus, als lägen Sonne, Erde und Mond auf einer Linie. Das ist aber nicht so. Die Ebene, auf der der Mond um die Erde kreist, ist im Verhältnis zur Erdumlaufbahn um die Sonne etwas geneigt. Daher stehen die drei Himmelskörper nur vier- bis fünfmal im Jahr in einer perfekten Reihe. In diesem Fall kommt es zu einer Sonnen- oder Mondfinsternis. Mehr dazu auf der nächsten Seite.

DIE MONDPHASEN

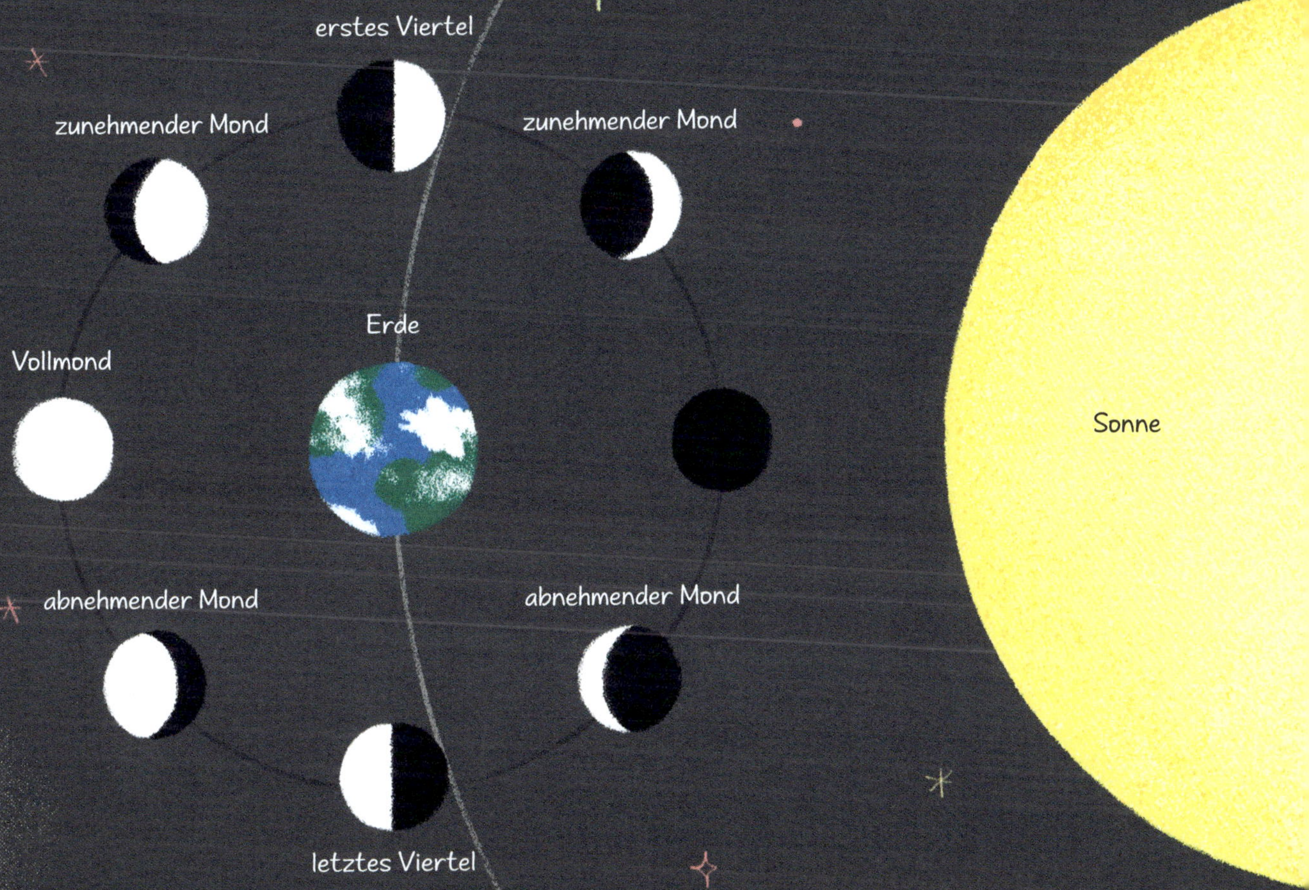

Wie viel wir vom Mond am Himmel sehen, hängt von den Positionen von Sonne, Erde und Mond ab. Der Mond leuchtet voll, wenn sich die Erde in der Mitte befindet. Zwischen zwei Vollmonden vergehen etwa 29 Tage: Das ist der so genannte SYNODISCHE MONAT. *Das Adjektiv »synodisch« kommt vom griechischen Wort »synodos«, was »Versammlung« heißt. Hier meint es die Aufreihung von Sonne, Mond und Erde bei Neu- oder Vollmond, also die Konjunktion.*

SCHATTENSPIELE AM HIMMEL

Wenn Erde, Mond und Sonne sich in einer Konjunktion befinden, kannst du am Himmel etwas Atemberaubendes erleben: eine Eklipse, eine Finsternis. Eine Mondfinsternis findet statt, wenn die Erde auf einer Linie zwischen Mond und Sonne steht. Dann fällt der Schatten der Erde genau auf die Mondoberfläche und verdunkelt sie. Steht jedoch der Mond zwischen Erde und Sonne, kann sein Schatten einen Teil der Erdoberfläche treffen. Der Mond verdunkelt dann die Sonne. In diesem Fall sprechen wir von einer Sonnenfinsternis.

Fragst du dich, wieso der Mond, der 400-mal kleiner ist als die Sonne, sie vollständig verdecken kann? Das liegt an der scheinbaren Größe der astronomischen Objekte: Wenn die Sonne sehr weit von der Erde entfernt ist, wird ihre scheinbare Größe mit der des Mondes vergleichbar. Mehr über die SCHEINBAREN GRÖẞEN *erfährst du auf Seite 18.*

Je nachdem, wie viel der Mond von der Sonne verdunkelt, unterscheiden wir eine partielle, eine ringförmige und eine totale Sonnenfinsternis. Im Fall einer totalen Sonnenfinsternis wird die gesamte Sonnenscheibe vom Mond verdeckt. Bei einer partiellen Sonnenfinsternis schiebt sich der Mond nur über einen kleinen Teil der Sonne.

Die ringförmige Sonnenfinsternis ist eine besondere Form der partiellen Sonnenfinsternis: In diesem Fall ist die scheinbare Größe des Mondes zu klein, um die gesamte Sonnenscheibe zu verdunkeln. Im Höhepunkt der Finsternis strahlt ein Lichtkranz um die verdeckte Sonnenoberfläche.

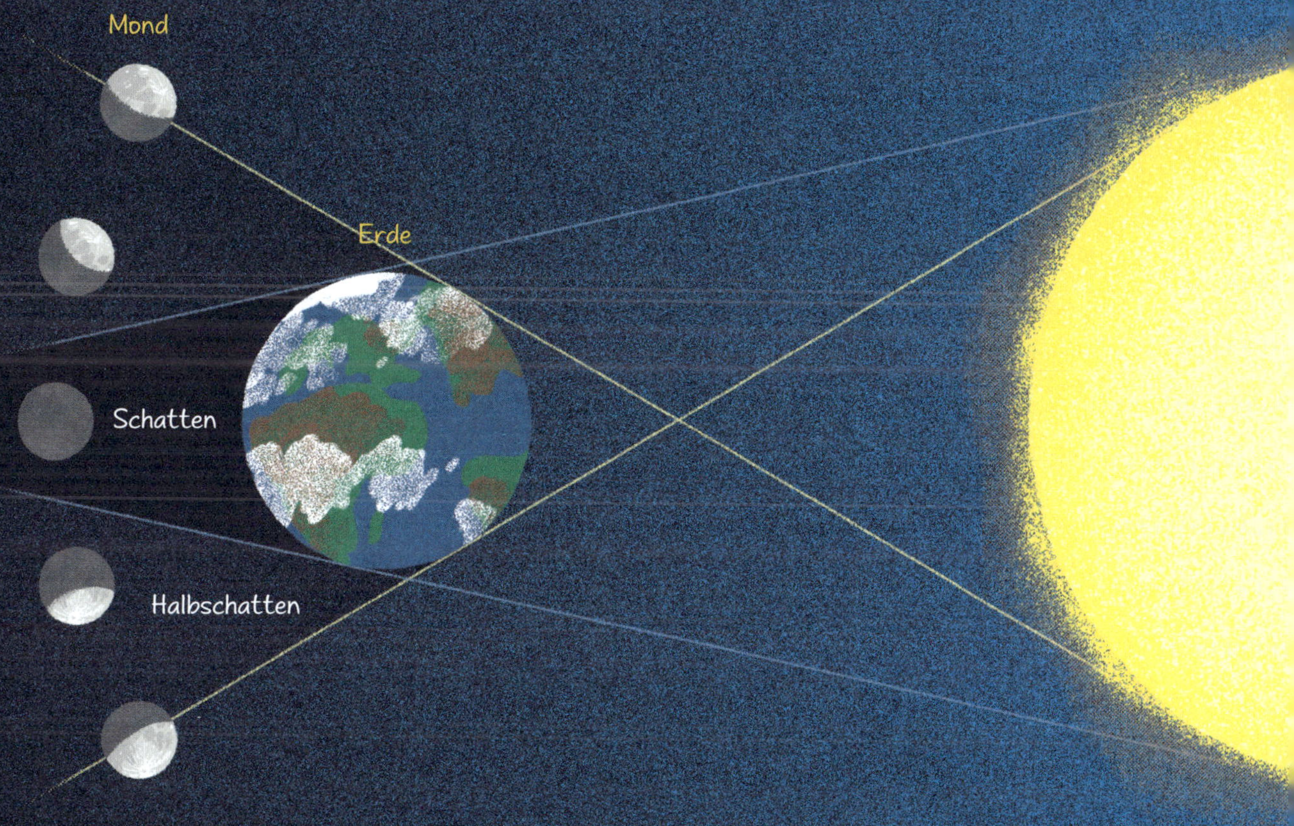
Mond
Erde
Schatten
Halbschatten

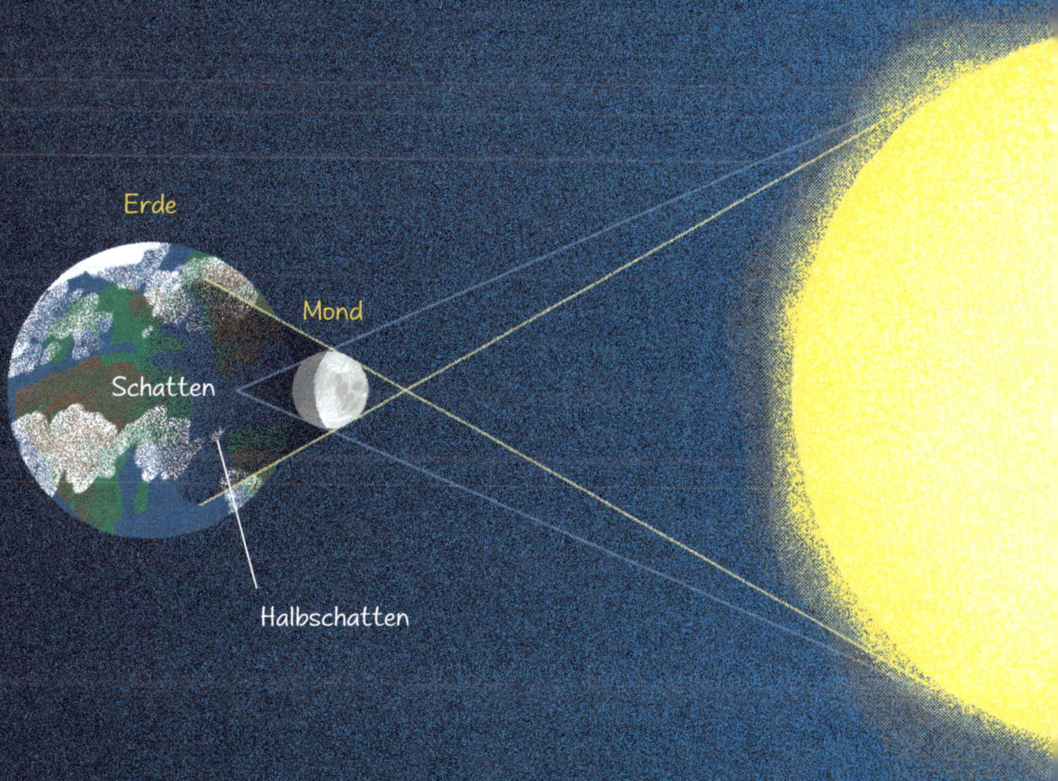
Erde
Mond
Schatten
Halbschatten

Selbermachen

DIE MONDPHASEN VERSTEHEN

»Mit dem, was du jetzt also über die Bewegungen von Erde, Mond und Sonne weißt, kannst du die Position des Mondes bestimmen. Du musst dafür nur seine Form anschauen«, erklärt mir meine Schwester. »Sieh zum Himmel und finde heraus, auf welchem Punkt seiner Umlaufbahn um die Erde sich der Mond heute Abend befindet.«

Ich nehme das Notizbuch und schreibe als Erstes das Datum auf, an dem ich mit meiner Beobachtung beginne. Jeden Tag notiere ich nun das Datum und zeichne daneben den Mond, den ich sehe, so lange, bis ich zweimal einen Voll- und einen Neumond erlebt habe. So kann ich nachvollziehen, wie viel Zeit zwischen zwei Neu- oder zwei Vollmonden vergangen ist. Und schon habe ich einen Mondphasenzyklus oder einen synodischen Monat gemessen.

DIE GEBUNDENE ROTATION

Die Mondoberfläche mit einem Teleskop zu betrachten ist sehr aufregend. Und wenn du das häufiger machst, wirst du feststellen, dass der Mond uns immer dieselbe Seite zuwendet.

»Und sie bewegt sich doch«, sagte Galileo Galilei über die Erde. Das Gleiche gilt auch für den Mond. Er kreist nicht nur um die Erde, sondern er dreht sich auch um sich selbst (Monddrehung). Wie kommt es dann aber, dass wir immer dieselbe Seite sehen? Das hängt mit den Regeln der Anziehungskraft zusammen.

Stellen wir uns zwei kugelförmige Körper vor: Die erste Kugel hat die größere Masse (die Erde) und die zweite die kleinere Masse (der Mond). Je größer die Masse eines Körpers ist, desto höher ist die Gravitationskraft, die er auf den anderen Körper ausübt. Die Erde zieht also den Mond an, da sie mehr wiegt als er. Je kleiner die Entfernung zwischen zwei Körpern ist, umso höher ist die Gravitationskraft. Die Anziehungskraft der Erde hält also den Teil des Mondes fest, der ihr am nächsten liegt. Damit verformt sie ihn leicht, sodass aus der Kugel eher ein Ei wird.

! *Die Monde Phobos und Deimos kreisen in* GEBUNDENER ROTATION *um ihren Planeten Mars, so wie der Mond um die Erde. Von den zahlreichen Satelliten um Jupiter rotieren manche gebunden (wie Metis, Adrastea, Amalthea, Thebe, Io, Europa, Ganymed und Kallisto) und andere nicht (wie Himalia und Elara).*

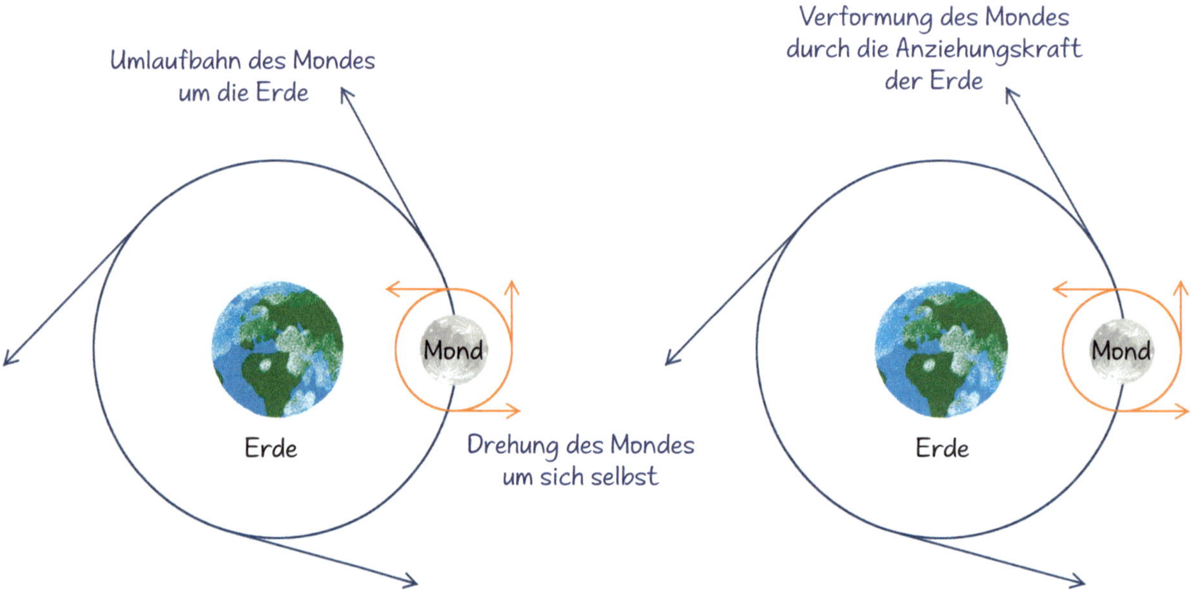

Stellen wir uns vor, der Mond legt ein Achtel seiner Umlaufbahn zurück. Die Gravitationskraft wirkt an der Ausbuchtung, die zur Erde zeigt, stärker. Die Drehung des Mondes wird also durch die Anziehungskraft der Erde verhindert und langsam abgebremst. Diese Verlangsamung bewirkt, dass die Zeit, in der der Mond einmal um die Erde kreist, genauso lang ist wie die Drehung um seine eigene Achse. Aus diesem Grund sehen wir immer dieselbe Seite des Mondes.

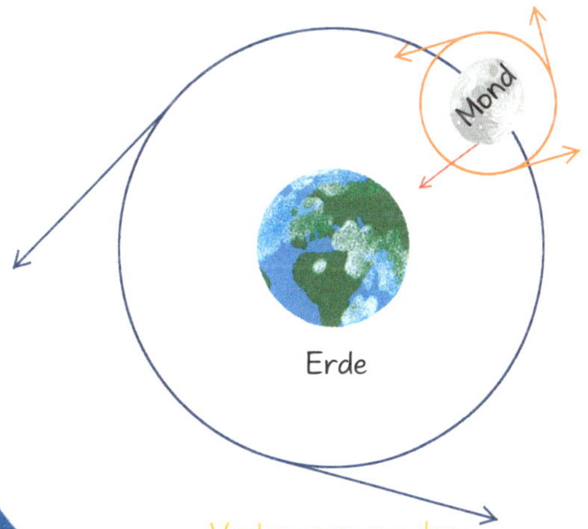

Verlangsamung der Monddrehung durch die Anziehungskraft der Erde

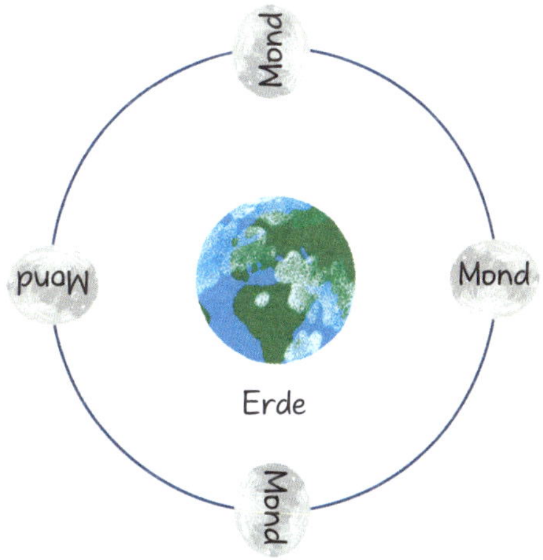

Der Mond dreht sich in derselben Zeit um sich selbst, die er braucht, um die Erde zu umkreisen.

Selbermachen

DREHEN WIR UNS!

»Um die gebundene Rotation besser zu verstehen, können wir ein Experiment machen«, schlägt meine Schwester vor. »Und das geht so: Stell dich in die Mitte des Zimmers. Du bist jetzt die Erde.«

Sie spielt den Mond und sieht mir in die Augen. Dann fängt sie an, um mich zu kreisen, ohne sich um sich selbst zu drehen. Ich bleibe erst einmal unbeweglich stehen. Nach einer viertel Runde sehe ich das Profil des Mondes, nach einer halben Runde stehen wir Rücken an Rücken; nach einer weiteren viertel Runde sehe ich die andere Profilseite des Mondes. Erst als er seine Runde um mich beendet hat, können wir uns wieder in die Augen sehen.

»Was aber müsste ich tun«, fragt meine Schwester, »wenn ich bei der Umkreisung den Blickkontakt zu dir nicht verlieren wollte? Dafür gibt es nur eine einzige Lösung: Ich müsste mich in der gleichen Zeit um mich selbst drehen, in der ich um dich kreise. Das ist die gebundene Rotation!«

Dieses Mal drehe auch ich mich. Es ist, als würden wir tanzen.

Dieses Spiel gefällt mir. Jetzt tauschen wir, und ich bin der Mond und meine Schwester ist die Erde.

Vielleicht hat der Mond da oben genauso viel Spaß wie ich!

NATÜRLICHE UND KÜNSTLICHE SATELLITEN

Der Mond ist ein natürlicher Satellit, der um den Planeten Erde kreist. Andere natürliche Satelliten im Weltall sind vermutlich Bruchstücke des Planeten, um den sie kreisen, oder aber waren vorbeiziehende Asteroiden, die von der Gravitationskraft des Planeten eingefangen wurden. Oft werden die natürlichen Satelliten auch »Monde« genannt (wie bei Jupiter), weil sie unserem Mond so ähneln.

Aber im Sonnensystem gibt es nicht nur natürliche Satelliten. Es gibt auch jede Menge künstliche: Das sind die technischen Instrumente, die wir erfunden und aus wissenschaftlichen, militärischen, meteorologischen Gründen und zu Ortungszwecken (wie das GPS-System) ins All geschossen haben.

Sputnik 1 war der erste künstliche Satellit, der auf einer Umlaufbahn um die Erde kreiste. Er bestand aus einer 84 Kilogramm schweren Metallkugel mit vier Radioantennen. Dieser Satellit hat das Zeitalter der Raumfahrt eingeläutet. Er blieb etwa 92 Tage im All, bevor er beim Wiedereintritt in die Erdatmosphäre verglühte. Der Start von Sputnik 1 war 1957. Noch im selben Jahr begannen die Reisen ins All.

SPUTNIK 1 wurde am 4. Oktober 1957 vom russischen Kosmodrom Baikonur abgeschossen. »Sputnik« ist Russisch und bedeutet »Satellit« oder »Reisegefährte«.

SPUTNIK 2 wurde einen Monat nach SPUTNIK 1 ins All geschickt. Es war der erste Satellit mit einem Lebewesen an Bord: der Hündin Laika.

DIE ERSTEN REISEN INS ALL

Das erste Lebewesen im Weltall war die Hündin Laika. Sie wurde am 3. November 1957 an Bord von Sputnik 2 ins All geschossen. Aber sie überlebte den Flug nicht. Die ersten Rückkehrerinnen aus dem All waren Belka und Strelka, zwei Mischlingshündinnen, die nach 18 Erdumkreisungen wieder auf der Erde landeten. Sie waren zusammen mit 40 Mäusen, zwei Ratten, einem Kaninchen und ein paar Pflanzen durchs All gesaust. Alle Tiere kehrten lebend zur Erde zurück. Diese Mission startete am 19. August 1960 und bildete die Grundlage für den ersten bemannten Raumflug.

Im Frühling 1961 flog dann Juri Alexejewitsch Gagarin als erster Mensch mit der sowjetischen Mission Wostok 1 ins All. Walentina Tereschkowa war die erste Frau im Weltraum. Sie startete am 16. Juni 1963 mit der Mission Wostok 6. Am 20. Juli 1969 betrat der US-Amerikaner Neil Armstrong während der Apollo-11-Mission als erster Mensch den Mond. Bei dieser Gelegenheit sagte er: »Das ist ein kleiner Schritt für einen Menschen, aber ein riesiger Sprung für die Menschheit.«

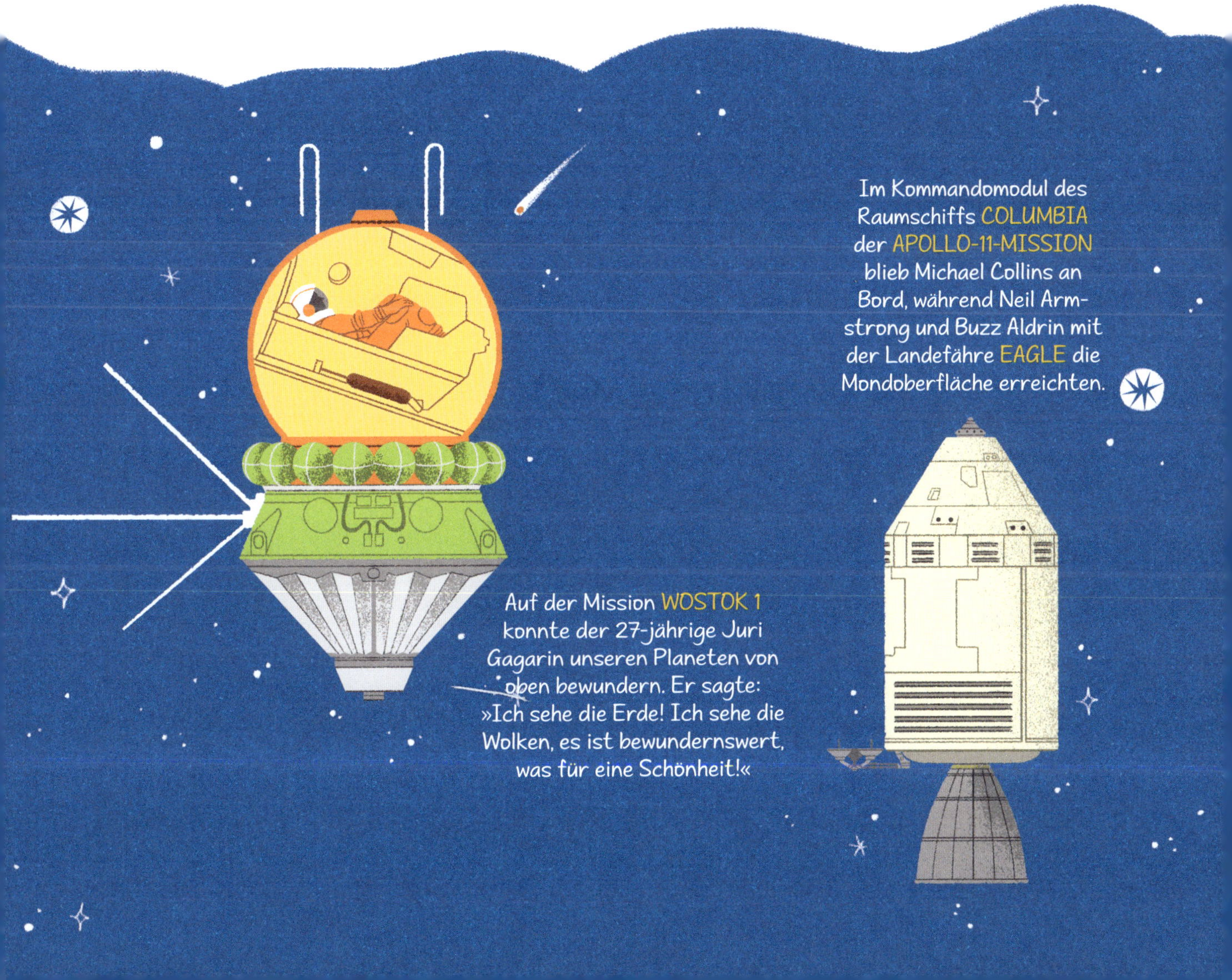

LEBEN UND ARBEITEN IM WELTALL

Die Internationale Raumstation ISS (International Space Station) ist ein Weltraumlabor. Es ist das größte Objekt, das wir bis jetzt ins All geschickt haben. 15 Staaten, darunter Japan, die USA, Deutschland, Russland und Kanada, haben es gemeinsam konstruiert. Über die Jahre wurden verschiedene Module zusammengebaut, fast wie ein überdimensionaler LEGO-Bausatz. Der bewohnbare Teil verfügt über sechs Schlafkabinen. Alle sechs Monate werden die Astronautinnen und Astronauten abgelöst. Der Deutsche Alexander Gerst oder die Italienerin Samantha Cristoforetti sind zum Beispiel schon dort oben gewesen. Dann leben sie auf der ISS und führen wissenschaftliche Experimente durch, die für die Erforschung des Alls wichtig sind.

Die ISS kreist in etwa 400 Kilometern Höhe über der Erde, und wenn sie gerade über deine Stadt fliegt, kannst du sie mit bloßem Auge leicht erkennen. Wo sie sich gerade befindet, steht auf der Website der ESA, der Europäischen Weltraumorganisation.

Samantha Cristoforetti: eine Weltraumfrau!

Astrosamantha, wie viele Menschen Samantha Cristoforetti nennen, hat lange in Italien, Deutschland, Frankreich und Russland studiert, um ihren Traum von einem Weltraumflug wahr werden zu lassen. Sie hat einen Uni-Abschluss in Luft- und Raumfahrttechnik, dazu noch einen in Flugzeugtechnik. Nach dem Studium trat sie in die Luftwaffenakademie ein und ließ sich in den USA zur Kampfpilotin ausbilden.

2009 wurde sie aus mehr als 8.400 Bewerberinnen und Bewerbern von der ESA als Astronautin ausgewählt. Sie ist die erste Italienerin und die dritte Europäerin, die zum Europäischen Astronautenkorps gehörte. 2014 bestieg sie eine Sojus-Rakete und flog zur ISS. Sie blieb 199 Tage im All. Nur die amerikanische Astronautin Peggy Whitson war noch länger dort.

Samantha ist ein Vorbild und ihr Mut hat sie berühmt gemacht. Es wurde sogar ein Asteroid nach ihr benannt: Samcristoforetti. Außerdem trägt eine neue Orchideenart sowie eine Puppe ihren Namen.

Die SOJUS-RAKETE *bringt die Astronauten von der Erde zur ISS. Sie ist eine Art Weltraum-Taxi!*

He, ist da jemand?
Wo seid ihr?
Das Licht auf eurem Pla-
neten,
ist es rot oder blau?
Schickt mal ein Zeichen,
einen Kometen.
Ein Piep von euch
kann schon reichen.
Radiowellen,
Morsezeichen,
Rauchzeichen,
los, ich glaube einfach nicht,
dass dort oben

niemand ist!

Kapitel 8

AUF DER SUCHE NACH FREMDEM LEBEN

Schon von Anfang an schwirrt mir eine Frage durch den Kopf, die ich bis jetzt für mich behalten habe. Ich wollte nicht als völlig dumm dastehen. Aber seit ich mich mit dem Weltraum beschäftige, kommen mir ganz neue Gedanken. Während wir die Sterne anschauen, stelle ich mir außerirdische Welten und fremde Lebewesen vor.

»Ob es da oben irgendwo Leben gibt?«

»Das ist eine der ältesten Fragen, die die Menschen sich stellen!«, erwidert meine Schwester. »Um darauf eine wissenschaftliche Antwort zu finden, müssen wir einen langen und komplizierten Weg zurücklegen, aber wenn wir ihn in kleine Schritte unterteilen, macht es Spaß. Seit mehr als einhundert Jahren suchen Wissenschaftlerinnen und Wissenschaftler schon nach bewohnbaren Planeten außerhalb unseres Sonnensystems. Diese Planeten werden Exoplaneten genannt.«

»Exo? Das hört sich komisch an.«

»Das Wort kommt vom englischen Adjektiv ›exotic‹, exotisch, aber auch vom griechischen Adverb ›exo‹, für draußen, außerhalb. Also lass uns mal schauen, wie weit wir schon gekommen sind.«

Wissenschaft ist etwas Tolles, denn es sind alle Fragen erlaubt.

AUF DER SUCHE NACH EXOPLANETEN

Die wichtigste Methode, mit der wir nach Exoplaneten suchen, nennt sich Transitmethode. Ein Schattenspiel zeigt uns, wie das geht. Richte eine Taschenlampe auf eine Wand, sodass dort ein heller Lichtkreis zu sehen ist. Stell dir vor, das ist das Licht eines Sterns, den du durch ein Teleskop beobachtest. Jetzt balle eine Hand zur Faust und bedecke damit teilweise das Licht der Taschenlampe. Deine Faust wäre ein Exoplanet, der um den Stern kreist und seine Helligkeit abschwächt. Über diesen »Helligkeitsabfall« freuen sich dann die Forschenden: »He, meine Damen und Herren, wir haben einen Exoplaneten entdeckt!«

Bis Mitte Januar 2021 wurden etwa 3.000 bislang unbekannte Planeten außerhalb unseres Sonnensystems gefunden, manche sind kleiner, andere größer als die Erde.

Mit jeder dieser Entdeckungen wächst die Hoffnung und die Aufregung, eine Antwort auf die Frage zu finden, ob es im All Leben geben könnte. Das treibt uns an, immer weiterzumachen.

! WELTRAUM-ERKUNDUNGEN

Am 7. März 2009 schoss die amerikanische NASA ein hochsensibles Teleskop ins All. Es sollte erdähnliche Planeten außerhalb unseres Sonnensystems aufspüren. Dieses Teleskop trug den Namen Kepler: Es wog gut 1.000 Kilogramm und kreiste fast zehn Jahre um die Sonne. Dabei hat es immer dieselbe Region im Himmel beobachtet. Seit dem 30. Oktober 2018 funktioniert es nicht mehr.

WAS IST LEBEN EIGENTLICH?

Die wichtigsten Eigenschaften eines Lebewesens zu beschreiben ist sehr schwierig! Denn was macht ein Lebewesen aus? Seine Fähigkeit, zu wachsen? Ein Quarzkristall kann pro Jahr mehrere Millimeter wachsen, aber wir würden ihn deshalb nicht als Lebewesen bezeichnen.

Oder ist ein Lebewesen etwas, das sich bewegt? In den White Mountains in Kalifornien gab es eine riesengroße Kiefer, die fast 5.000 Jahren existierte. Sie hieß nicht zufällig Langlebige Kiefer. Diese Kiefer lebte also – und zwar ziemlich lange! Sie stand schon, als König Hammurapi I. das babylonische Volk regierte. Doch seit sie ein millimeterkleiner Samen war, hat sie sich nie von ihrem Berg wegbewegt.

Ist etwas ein Lebewesen, wenn es sich vermehrt? Ein Maultier – also ein Abkömmling von einer Pferdestute und einem Eselhengst – wächst, es bewegt sich und schreit ziemlich laut, aber trotzdem kann es sich nicht fortpflanzen.

Diese verschiedenen Antworten verwirren nicht nur uns, sondern auch die Wissenschaftlerinnen und Wissenschaftler sind sich über die wichtigsten Merkmale des Lebens immer noch nicht einig.

Aber wie sollen wir nach außerirdischem Leben suchen, wenn wir nicht mal wissen, was das Leben auf der Erde ist? Für den Moment gehen wir einfach davon aus, dass sich das Leben auf anderen Sternen genauso entwickeln würde wie auf der Erde. Tief im All suchen wir deshalb nach Planeten, auf denen die Umweltbedingungen ähnlich sind wie bei uns.

WASSER IST LEBEN

Mehr als die Hälfte unseres Körpers besteht aus Wasser (50 bis 75 Prozent, je nach Alter). Der größte Teil der Erdoberfläche ist von Ozeanen bedeckt (71 Prozent). Wenn wir vergessen, die Blumen auf dem Balkon zu gießen, vertrocknen sie schon nach wenigen Tagen.

Das Wasser ist das wertvollste Gut, das wir auf der Erde haben (also sollten wir es nicht verschwenden!). Nur mit ihm können Lebewesen entstehen und wachsen. Bei der Suche nach Leben im All müssen wir also zunächst einmal erkunden, ob auf den fraglichen Planeten genügend Wasser vorhanden ist.

Wasser gibt es jedoch in verschiedenen Zuständen: Wenn wir etwas Wasser in einem Kochtopf erhitzen, verdampft es nach und nach und steigt als Wolke auf. Stellen wir Wasser jedoch in einem Behälter ins Gefrierfach, wird es innerhalb von ein paar Stunden zu einem massiven Eisblock. In beiden Fällen können wir das Wasser nicht mehr trinken. Wasser ist nur in einer Umgebung flüssig, die wärmer ist als 0 °C und kälter als 100 °C. Sterne sind Tausende Male heißer als 100 °C, während es im Weltall zwischen ihnen bis zu ein paar Hundert Grad unter Null kalt sein kann. Auf der Erde sind die Temperaturen meist genau so, dass das Wasser flüssig bleibt – gut für uns!

*Wenn wir im All
nach Leben suchen,
was suchen wir genau?
Wasser ist
Goldlöckchens Schatz:
als Regen
und als Fluss.
Nicht heiß,
nicht kalt,
nicht nah,
noch fern
darf der Planet
sein von seinem Stern.
Geliebte Erde,
einfach hört es sich an,
einen Ort zu finden
der dir gleicht,
doch das ist nicht so leicht.*

Die Zelle des Lebens

Die Zellen sind die kleinsten Strukturen der Lebewesen und bestehen hauptsächlich aus Wasser. Sie benötigen dieses wertvolle Element zum Überleben.

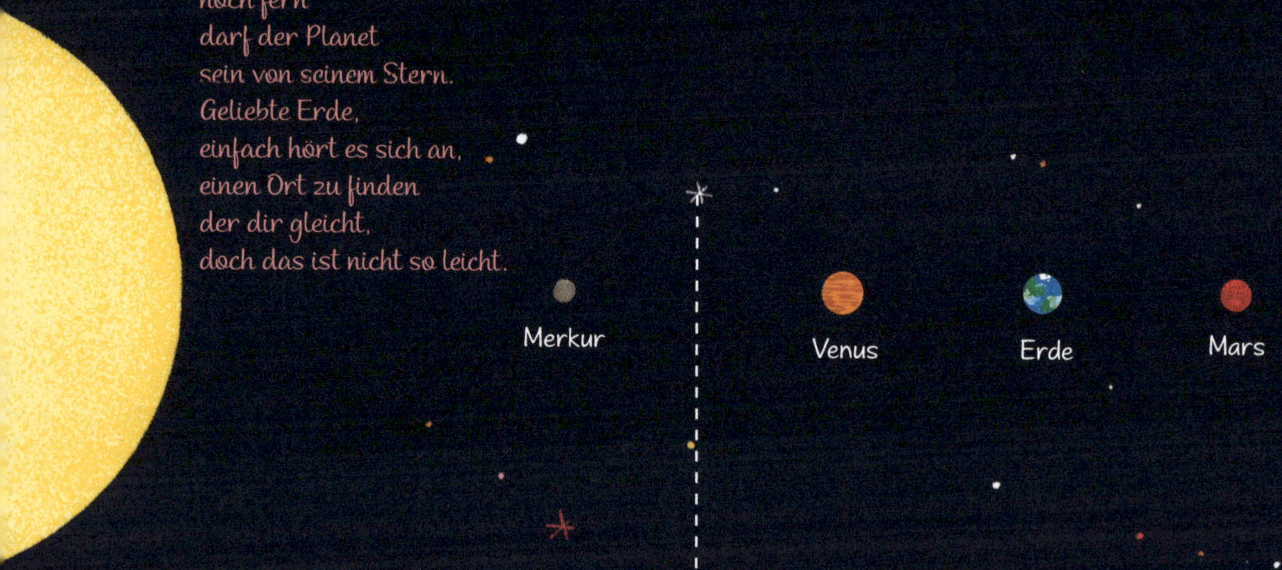

Nicht-habitable Zone

Hier ist die Durchschnittstemperatur zu hoch, und das Wasser ist nur als Dampf vorhanden.

Habitable Zone

Hier ist die Durchschnittstemperatur mild, und das Wasser ist flüssig.

Ein Planet und sein Stern müssen also den passenden Abstand zueinander haben, damit auf dem Planeten Leben entstehen kann. Im Fall des Sonnensystems, beispielsweise, befinden sich zwar auch Venus und Mars in der habitablen Zone, aber das Leben, so wie wir es kennen, existiert nur auf der Erde. Das liegt unter anderem an der Erdatmosphäre und ihrer Zusammensetzung. Obwohl Venus und Mars auch jeweils eine Atmosphäre haben, bestehen diese heute aus Elementen, die keine Entstehung von Leben ermöglichen.

DIE GOLDLÖCKCHEN-PLANETEN

Die Bereiche um die Sterne, in denen wir hoffen, außerirdisches Leben zu finden, werden »habitable Zonen« genannt. Sie müssen über ein gemäßigtes Klima verfügen, in dem das Wasser flüssig bleibt. Ein Planet in so einer habitablen, also lebensfreundlichen, Zone wird »Goldlöckchen-Planet« genannt – nach der Heldin aus dem Märchen »Goldlöckchen und die drei Bären«. Darin benutzt Goldlöckchen einen Stuhl und ein Bett und isst von dem Brei der drei Bären. Alle drei Dinge sind genau wie für sie gemacht. Ein Goldlöckchen-Planet müsste also ein Planet sein, der weder zu kalt noch zu warm ist. Auf ihm müsste ein mildes Klima herrschen, damit wir immer, wenn wir Durst haben, ein Glas Wasser trinken können. Die Erde ist der Goldlöckchen-Planet unseres Sonnensystems.

EIN BESONDERER ROTER ZWERG

Oft tragen Sterne einen Namen, der nur aus einer langen Zahlenreihe besteht, ähnlich wie eine Telefonnummer. Aber diese Zahlen beinhalten wichtige Informationen über ihre Position. 2MASS J23062928-0502285 ist ein Planetensystem, in dem das Weltraumteleskop Trappist eine Reihe von Exoplaneten entdeckt hat. Ein Stern in diesem System wurde TRAPPIST-1 getauft. Er befindet sich in der Nähe der Erde, allerdings sind die Entfernungen im Universum natürlich wesentlich größer, als wir sie hier auf der Erde gewohnt sind.

TRAPPIST-1 ist ein Zwergstern der M8-Spektralklasse und sehr ungewöhnlich. Seine Temperatur ist niedriger als die unserer Sonne, und daher strahlt er nur ein Zehntel so hell wie sie und überwiegend in rötlicher Farbe. TRAPPIST-1 wird zehnmal länger leben als unsere Sonne. Das Besondere dieses Sterns ist, dass um ihn sieben Planeten kreisen, drei davon in der habitablen Zone. Diese sieben Planeten wurden TRAPPIST-1B, -1C, -1D, -1E, -1F, -1G und -1H getauft, entsprechend ihrer wachsenden Entfernung zum Mutterstern.

❗ *Würden wir in einem Alter von zehn Jahren auf der Erde aufbrechen und mit Lichtgeschwindigkeit zu TRAPPIST-1 fliegen, könnten wir bei unserer Ankunft unseren 50. Geburtstag feiern!*

Die Erde und die Planeten von TRAPPIST-1

Die Planeten, die um TRAPPIST-1 kreisen, haben ungefähr die Größe der Erde, aber sie liegen sehr viel näher an ihrem Mutterstern. Die Erde ist ungefähr 17-mal so weit von der Sonne entfernt wie der äußerste Planet im TRAPPIST-1-System von seinem Mutterstern. Die Erde ist von der Sonne 1 AE (eine Astronomische Einheit, also knapp 150 Millionen Kilometer) entfernt, braucht 365 Tage für eine Umrundung und hat einen Durchmesser von 6.371 km.

Wenn du dieses Planetensystem mit unserem Sonnensystem VERGLEICHEN *willst, blättere auf Seite 150.*

GEFANGEN IM GRIFF DER GRAVITATION

Geben wir einem der habitablen Planeten des Systems TRAPPIST-1 den Spitznamen Exopy. Bezogen auf seine Masse und seine Größe ähnelt er der Erde sehr. Exopy kreist um einen Stern, der nicht so hell ist wie unsere Sonne. Der recht geringe Abstand zu diesem Stern ermöglicht, dass durch die daraus folgende entsprechend hohe Temperatur das Wasser auf Exopy in flüssigem Zustand ist.

Wegen dieser Nähe ist Exopy aber durch gebundene Rotation an TRAPPIST-1 gebunden. Daher wendet er seinem Stern immer dieselbe Seite zu, während er um ihn kreist. Doch so kann kein Leben auf Exopy entstehen: Auf der einen Hälfte des Planeten herrscht immer Sommer und Tag, auf der anderen ist immer Winter und Nacht. Wir Erdenbewohner wissen nur zu gut, wie wichtig der Wechsel der Jahreszeiten für das Leben ist!

Was die GEBUNDENE ROTATION ist, kannst du auf Seite 174 nachlesen.

Legenden

DER MYTHOS VON PERSEPHONE

Licht und Dunkel. Das Leben auf unserem Planeten, erklärt meine Schwester, hängt nicht nur von dem Vorkommen von flüssigem Wasser ab, sondern auch von dem Wechsel von Tag und Nacht, Wärme und Kälte. Und damit auch vom Wechsel der Jahreszeiten. Diese beständige Veränderung in unseren Breitengraden ist eine sehr wertvolle Eigenschaft der Erde, die die Menschen seit Urzeiten fasziniert. Im antiken Griechenland, also vor mehreren Tausend Jahren, erklärten sich die Menschen die Entstehung der Jahreszeiten durch den Mythos von Persephone.

Die alten Griechen glaubten, dass vor langer Zeit auf der Erde ewiger Frühling herrschte. Dies verdankten sie Demeter, der Göttin der Landwirtschaft und des Wetters. Sie sorgte dafür, dass die Bauern das ganze Jahr über Obst, Gemüse und Getreide im Überfluss ernten konnten. Die Göttin hatte eine Tochter, Persephone, die sie sehr liebte. Doch eines Tages verschwand Persephone auf geheimnisvolle Weise. Demeter war verzweifelt: Viele Tage lief sie umher und suchte im ganzen Land nach ihrer Tochter, fand sie aber nicht! Da setzte Demeter sich auf einen großen Stein und weinte. Als Helios, der Sonnengott, vorbeikam, hatte er Mitleid. Er tröstete sie und verriet ihr, dass Hades, der Herr der Unterwelt, Persephone entführt hatte.

Die Göttin dankte ihm und rannte zu den Toren der Hölle, um ihre Tochter zurückzufordern, aber Hades antwortete, dass er Persephone liebe und nie auf sie verzichten werde. Demeter war am Boden zerstört: Die Tage vergingen, und ihre Hoffnung, ihre Tochter wiederzusehen, schwand immer mehr. Die Natur und das Wetter, die Demeter gehorchten, wurden traurig und kalt: Ein eisiger Wind blies durch die Bäume, die Blätter wurden gelb und fielen herab, der Boden brachte keine Früchte mehr hervor. Die Menschen litten Hunger und wären sicherlich ausgestorben, hätte Zeus, der mächtigste aller Götter, nicht eingegriffen.

Aber das Problem war nicht so leicht zu lösen: Sowohl Hades als auch Demeter liebten Persephone, und beide würden sehr leiden, wenn sie nicht bei ihnen wäre. Also beschloss Zeus, dass Persephone jedes Jahr die Hälfte der Zeit bei Hades und die andere Hälfte bei Demeter verbringen sollte. So entstanden die Jahreszeiten: Wenn Persephone in die Unterwelt hinabstieg, wurde Demeter traurig und vernachlässigte die Natur. Es wurde Herbst und Winter. Sobald Persephone zu ihrer Mutter zurückkehrte, ließ diese die Natur im Frühling und Sommer wieder aufleben.

DAS LICHT DER SONNE UND DIE FARBE DER BLÄTTER

Die Sonne sendet einen großen Teil ihrer Strahlung in einer für uns sichtbaren Wellenlänge von Violett bis Rot aus, einschließlich Blau, Grün und Gelb. Die Pflanzen verwandeln dieses Sonnenlicht durch Fotosynthese in Nährstoffe, durch die sie wachsen und sich vermehren.

Die Fotosynthese geschieht im Chlorophyll, also in den Blattpigmenten: Das Chlorophyll in den Blättern nimmt das Sonnenlicht auf und verwandelt es in Zucker und Sauerstoff. Dabei verschluckt das Chlorophyll die blauvioletten und rotorangen Wellenlängen. Die nicht absorbierten Wellenlängen werden von den Pflanzen reflektiert: Daher sehen sie für uns grün aus. Was würde wohl passieren, wenn statt der Sonne TRAPPIST-1 unser Stern wäre?

➔ *Wenn du mehr über die* FARBEN *und die* WELLENLÄNGEN *wissen willst, schau auf Seite 56 nach.*

Die Purpur-Bakterien und das Chlorophyll

TRAPPIST-1 ist ein Roter Zwerg, der den größten Teil seiner Strahlung bei Infrarot-Wellenlänge aussendet. Sie ist weniger energiereich als die Strahlung der Sonne. Daher würden die Chlorophyll-Pigmente, die ziemlich faul sind, gar nicht erst mit der Herstellung von Zucker beginnen. Aber welche Farbe hätten Pflanzen, die auf Exopy wachsen würden? Das können wir eigentlich nicht beantworten, weil wir immer nur von dem ausgehen können, was auf unserem Planeten passiert. Dieses Wissen übertragen wir dann auf andere Welten.

Aber wir können vermuten: Auf der Erde gibt es so genannte Purpurbakterien, die an Stelle des Chlorophylls das so genannte Bacteriochlorophyll enthalten. Die Pigmente dieser Bakterien schlucken das Infrarotlicht und verwandeln es in Zucker. Bei diesem besonderen Vorgang wird jedoch kein Sauerstoff hergestellt.

Würden die Pflanzen auf Exopy wie die Purpurbakterien auf der Erde arbeiten, verwandelten also auch sie das Licht ihres Zwergsterns in Nährstoffe. Aber welche Farbe hätten diese Pflanzen? Da unsere Augen kein Infrarotlicht wahrnehmen können, würden wir auf Exopy dunkelrote Pflanzen sehen. Den einen Teil des Sternenlichtes würden die Pflanzen für die Herstellung von Nährstoffen verwenden, den anderen Teil würden ihre Blätter abstrahlen. Das gesamte Licht, das von Exopy reflektiert wird, könnten wir nur mit speziellen Infrarotbrillen erfassen. Vergiss also bei deiner Fantasiereise durch die roten Wälder von Exopy nicht die Sauerstoffflasche und die Sonnenbrille, besser gesagt, die Zwergsternbrille!

Von hier nun
bin ich an den Grenzen
des Universums angelangt,
unwirklich kommt es mir vor.

Nun sehe ich alles
mit anderen Augen und weiß, dass die Suche
nie endet, sie braucht
Fantasie,
sie erstaunt und ist die Freundin
des Traums,
ich weiß, der Raum blickt zurück.
Wir bestehen aus Milliarden von Teilchen
der explodierten Sterne,
und all das sagt mir, sieh,
auch du bist ein Mysterium:

Blick
zum
Himmel.

GLOSSAR

ANDROMEDA: die Nachbargalaxie der Milchstraße. Sie ist 2,5 Millionen Lichtjahre entfernt und mit bloßem Auge sichtbar.

ARECIBO-BOTSCHAFT: Radiosignal, das 1974 vom puertoricanischen Teleskop in Arecibo ins All geschickt wurde. Wir hoffen, dass eine fremde Zivilisation die Informationen über uns und die Erde entschlüsseln wird.

ATMOSPHÄRE: die zarte Gashülle, die unseren Planeten umgibt

ATOM: winzige Einheit der Materie; es besteht aus einem Kern (aus Protonen und Neutronen) und Elektronen, die um den Kern kreisen. Das einfachste Atom ist das Wasserstoffatom, das nur aus einem Proton besteht, um das ein Elektron kreist.

CEPHEIDEN: Sternen-Klasse, deren Leuchtkraft sich in regelmäßigen Abständen verändert

CHANDRA: Weltraumteleskop der NASA, seit 1999 im All. Es beobachtet die Röntgenstrahlung im Universum.

DOPPLER-EFFEKT: physikalisches Phänomen, bei dem die Verlängerung (oder Verkürzung) einer Wellenlänge beobachtet wird, wenn sich die Quelle entfernt (oder nähert)

DUNKLE MATERIE: Masse unbekannter Natur. Die nicht sichtbare Materie übt Gravitation aus und wird angezogen, aber sie strahlt kein Licht ab. Daher können wir sie nicht direkt beobachten. Vermutlich macht sie den größten Teil der Materie im Universum aus.

EMISSION (VON STRAHLUNG): Ausstoß von Lichtstrahlung von einer Quelle

ESA: Europäische Weltraumorganisation mit Hauptsitz in Paris. Sie fördert und koordiniert Weltraumprojekte in 22 europäischen Ländern.

EXOPLANET: ein Planet, der um einen Stern kreist, der nicht die Sonne ist

FLUCHTGESCHWINDIGKEIT: Geschwindigkeit, die ein Körper aufbringen muss, um sich aus der Anziehungskraft eines anderen Körpers zu lösen

GAIA: Weltraumteleskop, das 2013 von der ESA ins All geschickt wurde. 2020 hat es nach 34 Monaten Arbeit den bisher vollständigsten Katalog der Milchstraße erstellt.

GALAKTISCHE SCHEIBE: der Bereich einer Galaxie, in dem sich die meisten Sterne befinden

GALAXIE: ein großer Verbund von Sternen, Gas und Staub, die durch die Gravitationskraft zusammengehalten werden. Unsere Galaxie ist die Milchstraße.

GESCHWINDIGKEIT: sagt aus, welche Strecke ein Körper in einem bestimmten Zeitraum zurücklegt

GOLDLÖCKCHEN-PLANET: Exoplanet, der sich in der habitablen Zone eines Sternensystems befindet

GRAVITATION: eine der vier Grundkräfte der Physik, bei der sich zwei Massen mit einer bestimmten Kraft anziehen. Diese Anziehungskraft bewirkt, dass sich die Planeten bewegen. Sie hält uns mit den Füßen am Boden.

GRAVITATIONSWELLEN: Die allgemeine Relativitätstheorie von Albert Einstein (1879–1955) besagt, dass die Raumzeit von allen Massen gekrümmt wird. So wie ein Stein, den wir in einen Teich werfen, verursachen extreme Ereignisse, wie der Zusammenstoß von zwei Schwarzen Löchern, Wellen in der Raumzeit: die Gravitationswellen.

HABITABLE ZONE: Bereich um einem Stern, in dem es Wasser in flüssiger Form geben kann. Nur wo flüssiges Wasser ist, kann Leben entstehen.

HEMISPHÄRE: die Himmelskugel. Sie ist in zwei Hälften aufgeteilt, in den Nord- und den Südhimmel.

HERSCHEL: Weltraumteleskop, benannt nach Wilhelm Herschel (1738–1822). Es wurde 2009 von der ESA ins All geschossen, um die Sterne im Infrarotbereich zu erforschen. 2013 endete seine Mission, nachdem das Kühlmittel verbraucht war.

HUBBLE: Weltraumteleskop, das 1990 von der NASA ins All geschossen wurde und immer noch aktiv ist. Es sendet spektakuläre Aufnahmen von allen möglichen astronomischen Objekten und versorgt die Wissenschaftlerinnen und Wissenschaftler mit vielen Daten. Es ist immer noch eines der leistungsstärksten Teleskope.

KEPLER: Weltraumteleskop, benannt nach Johannes Kepler (1571–1630). Es sollte mögliche bewohnbare Planeten in anderen Galaxien suchen. 2018 endete seine Mission, nachdem es etwa 2.600 Exoplaneten gefunden hat.

KERNFUSION: Kernreaktion, bei der zwei oder mehr Atomkerne ihre Abstoßung überwinden, die sie normalerweise voneinander fernhält. Sie vereinen sich und bilden einen neuen, anderen Atomkern. Durch diesen Prozess entsteht Energie, die die Sterne leuchten lässt.

KOSMISCHE HINTERGRUNDSTRAHLUNG: Strahlung im Universum, die kurz nach dem Urknall entstanden ist

LICHT: elektromagnetische Strahlung, die aus einem Photonenstrom besteht und mit der höchstmöglichen Geschwindigkeit reist: 300.000 Kilometer pro Sekunde. In der Astrophysik benutzen wir Instrumente, die alle Wellenlängen des Lichts im elektromagnetischen Spektrum erfassen können.

LICHTJAHR: die Entfernung, die das Licht in einem Jahr zurücklegt. Es wird als Maßeinheit zwischen astronomischen Objekten benutzt. Ein Lichtjahr entspricht 9.460.730.472.581 Kilometern.

MASSE: Eigenschaft jedes Körpers, die die Menge an Materie beschreibt, aus der ein Körper besteht

MILCHSTRAßE: unsere Galaxie. In ihr befindet sich unser Sonnensystem.

MOLEKÜL: Verbindung von verschiedenen Atomen. Es ist der grundlegendste Bestandteil einer Substanz

MOND: einziger natürlicher Satellit der Erde, der in einer gebundenen Rotation an die Erde gefesselt ist

NASA: die »National Aeronautics and Space Administration« ist die nationale Luft- und Raumfahrtorganisation der USA

NATÜRLICHER SATELLIT: Himmelskörper, der um einen anderen Körper als einen Stern kreist (z. B. um einen Planeten)

NEUTRINOS: elektrisch neutrale Elementarteilchen. Weil sie nur sehr selten mit der übrigen Materie interagieren, sind sie schwer zu beobachten.

NEUTRONENSTERN: sehr kleiner und massereicher Stern, besteht aus Neutronen, ist möglicherweise der Überrest einer Supernova

ORBIT: Umlaufbahn eines Planeten, eines Sterns oder eines Satelliten um einen anderen Himmelskörper

PLANET: Himmelskörper, der um einen Stern kreist. Im Sonnensystem ist ein Planet ein kugelförmiger Himmelskörper, der um die Sonne kreist und über eine ausreichende Masse verfügt, die es ermöglicht, dass er seine Umlaufbahn von anderen Objekten freigeräumt hat (Definition der Internationalen Astronomischen Union).

PROTOSTERN: Vorstufe eines Sterns in einer Molekülwolke, bei dem noch keine Kernfusionen stattfinden

PULSAR: Neutronenstern, der sich sehr schnell um sich selbst dreht und regelmäßige Radiowellen aussendet

PURPURBAKTERIEN: Bakterien, die Bacteriochlorophyll enthalten, durch die sie bei der bakteriellen Fotosynthese aus Infrarotlicht Zucker herstellen

RIESE: ein extrem heller Stern mit extrem großem Durchmesser

ROTATION: Bewegung eines Körpers, der sich um seine eigene Achse dreht

ROTVERSCHIEBUNG: Verlängerung der Wellenlänge eines Lichtsignals, weil sich die Quelle entfernt und rot erscheint

SCHWARZES LOCH: kompaktes, sehr massereiches astronomisches Objekt, das eine so hohe Anziehungskraft besitzt, dass es sogar das Licht einfängt

SONNE: Mutterstern unseres Sonnensystems

SONNENMASSE: eine astronomische Maßeinheit, der das Gewicht der Sonne zugrunde liegt. Die Sonne wiegt fast 2 Quintillionen Kilogramm (eine 2 mit 30 Nullen). Das ist fast 330.000-mal so viel wie die Erde.

SONNENSYSTEM: alle Himmelskörper, die um die Sonne kreisen

SPITZER: Weltraumteleskop, das die NASA 2003 ins All geschossen hat. Es beobachtet die Infrarotstrahlung des Universums.

STERN: Himmelskörper, der aufgrund von Kernfusionen Energie ausstrahlt und selbst leuchtet

STERNBILD: ein gedachtes Bild aus Sternen am Nachthimmel, die durch Linien verbunden werden. Die Internationale Astronomische Union hat 88 offizielle Sternbilder festgelegt.

SUPERNOVA: Explosion, die das Leben eines massereichen Sterns beendet

TAG: die Zeit, in der ein Planet sich um sich selbst dreht. Die Erde braucht dafür 24 Stunden.

TELESKOP: Hauptinstrument für die Beobachtung des Himmels. Der Begriff stammt vom griechischen »teleskopos« und bedeutet: »der in die Ferne blickt«.

TRAPPIST-1: Roter Zwerg, um den das Trappist-Teleskop sieben Planeten entdeckt hat, darunter drei, auf denen Leben existieren könnte

WASSER: geruch- und farbloses chemisches Element, die Grundlage des Lebens auf der Erde

WEIßER ZWERG: Endstadium eines Sterns, bei dem der Energievorrat verbraucht ist. Nicht zu verwechseln mit einem Braunen Zwerg (einem gescheiterten Stern).

WELLENLÄNGE: Länge der elektromagnetischen Wellen des Lichts zwischen zwei Wellenkämmen. Das menschliche Auge kann nur einen bestimmten Bereich dieser Wellenlängen sehen. Jeder Wellenlänge ordnet es eine Farbe zu: Kurze Wellenlängen sehen wir blau, lange rot.

WENN DU MEHR WISSEN WILLST

Auf diesen Websites und in den Apps findest du weitere Informationen, aber auch Mitmach-Aktionen, Videos und Sternenkarten.

Websites

Astronomie.de: bietet Astronomie für Kinder
https://www.astronomie.de/astronomie-fuer-kinder/

Astronomie in Deutschland:
Angebote für Kinder von der Astronomischen Gesellschaft
http://www.astronomie-in-deutschland.de/astronomie-fuer-alle/angebote-fuer-kinder/

Astronomische Bastelbögen der Sternwarte Recklinghausen:
http://sternwarte-recklinghausen.de/interaktiv/bastelboegen/

Mit Alexander Gerst und der Maus ins Weltall:
https://www.wdrmaus.de/extras/mausthemen/weltall/

Multiverso: eine Reise zu den Sternen, ein Online-Spiel
http://www.multiverso.de/

Europäische Weltraumagentur (ESA):
http://www.esa.int/

Wo ist die ISS? Die ESA verrät es hier:
http://www.esa.int/Space_in_Member_States/Germany/Wo_ist_die_Internationale_Raumstation

Geolino erklärt Astronomie für Kinder:
https://www.geo.de/geolino/forschung-und-technik/15089-thma-weltall

Apps oder Computerprogramme

Google Sky: für die Reise durchs Universum
https://www.google.com/sky/

ISS Live Now:
Diese App zeigt dir Live-Videos von der Erde, die die ISS macht.

Seti@home:
Hier kannst du bei der Suche nach außerirdischer Intelligenz mitmachen.
https://setiathome.ssl.berkeley.edu/

Solar Walk Lite:
App für das Planetarium auf dem Smartphone

Starwalk2:
Mit dieser App kannst du den Himmel erkunden und dich anhand der Sterne orientieren.

Stellarium: ein Planetarium auf deinem Computer
http://stellarium.org/de/

Night Sky:
Damit kannst du Sterne, Planeten und Sternbilder bestimmen.

BIOGRAFIEN

Edwige Pezzulli

Ich wurde im polnischen Lódz geboren. Mein Vater kommt aus Kalabrien, meine Mutter ist Polin. Sie ließen mich frei aufwachsen und förderten meine Neugierde. Mit ihnen zog ich wenige Monate nach meiner Geburt in den Osten von Rom, in ein Viertel voller Menschen mit unterschiedlichen Wurzeln und Geschichten. Meine Mitschüler kamen aus allen Teilen der Erde, und so habe ich verschiedene Kulturen kennengelernt. Durch sie konnte ich über den Tellerrand schauen, sodass ich immer mehr lernen wollte. Die Astrophysik hilft mir, die Natur besser zu verstehen, vom unendlich Kleinen bis zum unendlich Großen. Weil ich die extremsten Dinge unseres Universums erforschen wollte, habe ich vor allem Schwarze Löcher untersucht. Ich war davon so begeistert, dass ich anderen von meinen Entdeckungen erzählt habe, denn sie gehören der ganzen Menschheit. Es ist wichtig, dass wir dieses Wissen teilen.

Maria C. Orofino

»Für das Glück gibt es keine Pille, das Leben ist ein Privileg.« Dieser Satz von Patch Adams ist für mich eine beständige Inspiration. Ich wurde in Catania geboren, bin durch Afrika und Indien gereist und lebe jetzt in La Spezia. Ich war Krankenhaus-Clown, trage den schwarzen Gürtel in Karate, habe die regionalen Kajak-Meisterschaften gewonnen und bin über Alpengletscher geklettert. In Pisa habe ich theoretische Physik studiert und die Bildung von supermassereichen Schwarzen Löchern in jungen Galaxien erforscht. Dafür musste ich mich sehr anstrengen, brauchte viel Durchhaltevermögen und die Unterstützung der Menschen, die mich lieben. Doch das Wissen, dass das Leben außergewöhnlich ist, hat mich besonders angetrieben. Wir alle sollten respektvoll mit diesem Leben umgehen. Wir sollten nach dem Glück suchen, so wie Patch Adams es vorschlägt. Mit diesem Ziel unterrichte ich voller Begeisterung am Gymnasium und lerne jeden Tag etwas Neues.

Raffaella Schneider

Ich bin Astrophysikerin und unterrichte an der Universität La Sapienza in Rom. Ich habe mich immer für viele Dinge interessiert und am Ende der Schulzeit, als ich mich an der Uni einschrieb, schwankte ich zwischen Physik und Kunstgeschichte. Alle hielten mich für verrückt, aber ich glaube, dass die Natur wunderschön ist: Der Sternenhimmel und die unglaublichen Aufnahmen der Teleskope sind Kunstwerke, die mich völlig verzaubern. Während meines Studiums habe ich mich mit den unterschiedlichsten Bereichen der Astrophysik befasst: der kosmischen Hintergrundstrahlung, den Quellen der Gravitationswellen, den Eigenschaften der ersten Sterne. Ich arbeite vor allem theoretisch, das heißt, ich entwickle Modelle, die wir mit den Daten aus den Observatorien vergleichen. Es wäre schön, wenn die nächste Teleskop-Generation uns Bilder von den ersten Sternen liefern könnte, denn diese ersten Lichtquellen haben die Geschichte des Universums für immer geprägt.

Rosa Valiante

Ich arbeite als Astrophysikerin am astronomischen Observatorium von Rom. Dort erforsche ich die Geheimnisse der weit entfernten Galaxien und ihrer Schwarzen Löcher. Wie entstehen und wachsen sie? Wie können wir sie beobachten und besser verstehen? Diese Fragen treiben mich an. Als kleines Mädchen habe ich in den Bergen immer die Milchstraße bewundert: Dieser Sternenstreifen ist Teil unserer Galaxie, und ich kann ihn mit bloßem Auge sehen! In meinem Kopf tauchten plötzlich unglaublich viele Fragen auf: Wie viele Sterne gibt es? Wie sind sie entstanden? Was ist hinter dem, was wir sehen? Und so hat dieses Sternenband meine Neugierde für Astronomie geweckt. Diese Leidenschaft für den Kosmos steckt immer noch in mir und treibt mich bei meiner Arbeit an. Die Idee zu diesem Buch war vom ersten Moment an sehr aufregend, denn wir wollen zeigen, dass Wissenschaft unterhaltsam und interessant ist. Aber sie kann uns auch sprachlos zurücklassen, weil wir im Angesicht der Größe und Schönheit des Universums erstaunt verstummen.

Simona Gallerani

Während der Sommernächte habe ich mit meiner Familie oft auf die Terrasse unseres Hauses die Sternbilder angesehen: Papa zeigte sie uns, und Mama erzählte mir und meinem Bruder die Mythen dazu. Die Sterne waren schön und reizvoll, aber mich begeisterte vor allem der Mond! Ich träumte davon, ihn zu berühren, ihn zu erforschen: Er hat mich total inspiriert. Anfangs wollte ich Astronautin werden, um hinzufliegen, aber mit der Zeit haben mich auch die anderen Himmelskörper, der Ursprung des Universums und des Lebens interessiert. Auf die Frage »Was willst du später mal werden?« habe ich immer geantwortet: »Eine verrückte Wissenschaftlerin!« Also habe ich zuerst Physik und später Astrophysik studiert. Ich habe in Italien und in anderen Ländern geforscht, hauptsächlich über die ersten Galaxien und die Schwarzen Löcher, die bald nach dem Urknall entstanden sind. Heute lehre ich Astrobiologie und experimentelle Astrophysik in Pisa. Die Arbeit ist für mich eine echte Leidenschaft und in diesem Sinn … habe ich den Mond gefunden!

Tullia Sbarrato

1997 zeigte sich der Komet Hale-Bopp ein paar Wochen lang in seiner ganzen Pracht am Nachthimmel, und meine Eltern, die meine Neugierde unterstützten, ließen mich viele Abende im Garten verbringen, von wo aus ich ihn mit dem Fernglas beobachtet habe. Ich wollte den Himmel erforschen, und als sie mir ein kleines Teleskop schenkten, habe ich nachts die verschiedenen Krater auf dem Mond betrachtet. In dieser Zeit entstand mein Wunsch, Astrophysikerin zu werden. Ich habe das Gymnasium besucht und dort viel über die Welt und unsere Zivilisation gelernt. Früher brauchten die Wissenschaftler keine großen Teleskope und leistungsstarken Computer für die Erforschung der Natur! Ich habe einen Abschluss in Physik gemacht, um die Welt besser zu verstehen, aber noch heute fasziniert mich die Vergangenheit: Ich erforsche daher, wie die massereichsten Schwarzen Löcher immer weiter Materie anhäuften und an Gewicht und Größe zunahmen, vor allem in der weit zurückliegenden Vergangenheit unseres Universums. Wie schon als Kind teile ich meine Leidenschaft mit meinen Mitmenschen und erzähle ihnen das, was ich über das Universum weiß. Ich hoffe, dass ich meine Begeisterung weitergeben kann, die mich begleitet, seit ich zum ersten Mal diesen großartigen und leuchtenden Kometen gesehen habe.

Silvia Vecchini

Die Dichterin

Ich wohne auf dem Land, am Ufer des Trasimenischen Sees, weit weg von der Lichtverschmutzung der Städte. Und schon von jeher liebe ich es, den Himmel zu beobachten. Schon als Kind habe ich den Mond und sein Spiegelbild auf dem Wasser in meinen ersten Gedichten beschrieben. Mein bester Freund war dann der Erste, der mich wirklich mit dem Himmel vertraut machte. Er hatte sich mit zehn Jahren ein richtiges Teleskop gekauft, auf das er lange gespart hatte. Oft haben wir gemeinsam den Himmel betrachtet. Ich erinnere mich vor allem an den Mars. Es kommt mir so außergewöhnlich vor: wir beide, so winzig klein, und das Universum, so unendlich. Die Jahre vergingen. Ich schreibe Geschichten und Gedichte für Kinder und Jugendliche. In vielen meiner Bücher spielen Himmel und Sterne eine wichtige Rolle. Die Aufgabe, Gedichte neben diese Sachtexte zu stellen, war sehr aufregend. Das sind zwei Welten, die scheinbar nichts miteinander zu tun haben, und trotzdem berühren sie sich: Beide forschen nach verborgenen, geheimen Dingen, sie brauchen Genauigkeit, suchen Antworten und drücken ihr Erstaunen gegenüber der Schönheit des Universums aus.

Alice Beniero

Die Illustratorin

Ich hatte das Glück, viele Sommer an einem Lagerfeuer zu verbringen. Dort warteten wir darauf, dass es Nacht wurde und die Sterne zu Tieren und seltsam geformten Dingen wurden. Wir haben den Himmel und den langsamen Lauf des Mondes von einer Waldlichtung aus beobachtet, sind auf einen Berg gestiegen und haben über die dunkle Landschaft geblickt, wir standen still da und lauschten. All diese Erfahrungen haben mein Verhältnis zum Zeichnen geprägt. In meinen Bildern ist sehr viel Natur zu finden. Jeden Tag beobachte ich die Wirklichkeit, die physikalischen Phänomene und die Umwelt und interpretiere sie dann. Mit dieser Forschung habe ich schon als Kind angefangen, mit einer Handvoll Stifte und viel Papier. Den Worten dieses Buches eine bildliche Form zu verleihen war eine faszinierende Erfahrung und eine poetische Entdeckungsreise des Universums. Die Bilder sind eine Brücke zwischen der uns vertrauten Welt und dem Unbekannten, das wir uns nur vorstellen können.

Sibylle Anderl
Die Expertin

Sibylle Anderl, geboren 1981, absolvierte ein Doppelstudium der Fächer Physik und Philosophie in Berlin, um danach in Bonn im Fach Astrophysik zu promovieren. Bis Ende 2016 forschte sie in Grenoble zu Fragen der Sternentstehung sowie zu Themen der Wissenschaftsphilosophie und der Philosophie der Astrophysik. Seit 2017 ist sie Wissenschaftsredakteurin im Feuilleton der *Frankfurter Allgemeinen Zeitung*. Außerdem ist sie Autorin des populärwissenschaftlichen Sachbuchs *Das Universum und ich: Die Philosophie der Astrophysik*.

Ulrike Schimming
Die Übersetzerin

Ulrike Schimming studierte Italienisch, Germanistik und Philosophie. Seit mehr als zwanzig Jahren übersetzt sie Kinder- und Jugendbücher aus dem Italienischen und Englischen. 2018 wurde sie mit dem Deutschen Jugendliteraturpreis ausgezeichnet. Sie lebt in Hamburg.